JN116581

ROAD TO
THE OPEN AREANA

体育館／オープンアリーナへの道

上和田 茂

体育施設出版

まえがき

　読者の皆さん、皆さんは、散歩などの際、空き地や河川敷で行われている草野球や草サッカー、あるいはゲートボールなどの活動が目にとまり、しばし、そののどかな風景の中に自分の身を置いてみるといった経験をお持ちではないでしょうか。まさに、屋外ならではの光景です。

　しかし、これが屋内施設である体育館の中で行われている活動であれば、このような場面を想定することは難しいでしょう。壁に遮られて中が見えないという単純な理由からです。

　それでは、勇気をもってあえて玄関扉を開け中に入ったとしましょう。しかし、それでも各種の競技室や運動室の中で展開されている活動を見ることはできないでしょう。なぜなら、各室は壁に遮られ、玄関ロビーや通路から中が見えるようになっていないことが多いからです。このような状況は、至極当たり前のことのように思われるかもしれません。

　そして、あえて中を見たければ、再び勇気をふり絞り、各室の扉を開き、中をのぞくといった行為に及ばなければなりません。しかし、そうすると、中の活動者からいっせいに視線を向けられ恥ずかしい思いをすることになりかねません。したがって、そのような行為に及ぶ人は少なく、結局、体育館の中でどのような活動が行われているのか一般市民にはほとんど伝わることはありませんし、一般市民からの親近感やスポーツへの興味や意欲を駆り立てる機会を得ることもできません。

　体育館がこのように閉鎖的な空間構成であることには、一方において理由があります。球技の際、競技室外へのボールの飛び出しを防いだり、余計な外光や気流によるプレイへの支障を防いだりすることが求められるからです。

したがって、グレードの高い国際試合や国内大会の開催用の体育館に開放性を求めるのは確かに無理があるといえます。

　一方、市民のスポーツ活動や大会開催が利用の中心となる身近な体育館にまでその閉鎖性を求める必要があるのでしょうか。むしろ、上記のような支障への対応を講じた上で、できるだけ開放的な空間構成をなす体育館を提供することにより、中で行われているスポーツ活動の熱気といったものが訪れる一般市民に伝わり、両者の間に親近感にあふれたダイナミックな情景が広がるのではないかと考えます。

　かつては、閉架書庫による閉鎖的な施設であった図書館が、近年では、開架を基本とする開放的な空間構成に転じ、市民が気軽に訪れることができる図書館に変貌したように、体育館においてもより開放的な空間構成を目指すことが求められます。

　以上のような開放的な空間構成をなす体育館を、ここでは「オープンアリーナ」と称しております。本書は、現地における競技者や訪問者の行動観察に基づきオープンアリーナのあり方を論じたものです。使っているデータは古いものではありますが、現代においても十分通用するものと確信しております。

　現在、昭和40年代、50年代に建設された公共体育館が老朽化に伴い建て替えが必要な時期を迎えています。そういう意味では、建て替えの際に、従来の画一的な空間構成を脱し、新しい発想でオープンアリーナを目指すチャンスであると考えております。その際に、本書で紹介する提案を活用していただければ幸いです。

　なお、本書は2部構成になっております。オープンアリーナについては第2部で取り上げ、第1部では、明治以降の体育館の変遷過程について展開しております。過去を振り返ることにより、今後の体育館の発展の方向を展望する一助になることを願ってのことです。

目　　次

第Ⅰ部　体育館の歴史

1．体育館の呼称について

（1）体育館という呼称の出現

　体育館の歴史的研究の先学、木下秀明氏は、その著「近代日本における体育館の歴史」[1] の中で、「明治40年（1907年）東京上野公園で開催された東京勧業博覧会に、日本体育会は『体育館』を建設した。おそらくわが国で『体育館』と呼んだ最初であろう」と述べられている。筆者の調査でも、これ以前に体育館と呼称された建物はもとより、用語としての使用例も見当たらない。

　木下氏は、さらに続けて、体育館という呼称の出現理由を推測しておられる。それを要約すると、「この建物が『屋内体操場』とは比較にならないほどの規模と設備、広い運動領域を有」するもので、「体操場についての認識では把握できない建造物であった。それゆえ "場" でなく "館" を用いて『体育館』と称したのであろう」と、さらに施設の一部に屋外施設を含んでいたので「屋敷」という意味での「館」という表現を用いたことも考えられると、概ね "館" の斬新性に力点を置き論じておられる。

　筆者はこの解釈を必ずしも否定するものではないが、以下に示すように、事実はもう少し単純で、しかも段階的に形成されたのではないかと推測している。実は、東京勧業博覧会の開催に先立つ 4 年前の明治36年（1903年）に大阪で開催された第 5 回内国勧業博覧会において、同じ日本体育会が「体育場」なるものを設置し、諸種の体育実技および使用する器具を紹介している[2]。この「体育場」は一部屋内施設を含む屋外施設であったが、それまで この種の屋外施設は「体操場」もしくは

「運動場」と呼ばれるのが一般的であったのにもかかわらず、あえて聞きなれない「体育場」という呼称を採用している[3]。

「体育場」という新奇な呼称が用いられた理由は、この施設が単なる徒手体操や器械体操にとどまらず、テニスをはじめ諸種の球技を含む広範な運動領域をデモンストレーションしたのに加え、体育に関する諸文献・統計資料、施設設計資料、古武芸の道具の陳列など体育に関する総合的な情報提供の場であったことに求められ、これらの多様な諸機能を包括的に表徴する呼称として“体育”が採用され、「体育場」とされたのではないかと推測される[4]。

とすれば、これから4年後に開催された東京勧業博覧会の屋内体育施設が「体育館」と称されるのにあまり難しい解釈は要しない。なぜならば、明治10年（1877年）の第1回内国勧業博覧会以来、いずれの博覧会においても会場内の陳列用の建物にはすべて“館”を付されて名付けられていたからである。美術館、水族館などは、体育館と同様に、その名が恒久化した施設にも継承された好例である[5]。

このような脈絡からすれば、「体育館」という呼称の画期的な意義は、体育“館”にではなく、“体育”館にあったというべきであろう[6][7]。

（2）その後の展開

以上のように、体育館という呼称は「かなりの規模と設備」を有し、「広い運動領域」に対応する屋内施設を表徴するものとして出現したわけであるが、当時、このほかの早い使用例として、次の2例を挙げることができる。

その一つは、明治44年（1911年）、東京ＹＭＣＡ会館の増築計画案中の記述であり、「現在の講堂を模様替えして体育室に兼用せしめ別に屋上運動場、ボーリングアレー室、浴場、更衣室を備ふる」複合施設を体育館と呼んでいる[8]。

もう一つは、大正2年（1913年）の大阪市体育奨励会評議員会の決議

の中で、将来計画の４番目の項目に「体育館建設」が掲げられている[9]。しかし、内容は不明である。

　公的に体育館が論じられるようになったのは、球技が隆盛となり、また日本がオリンピック誘致に動き出した昭和前期に入ってからである[10]。昭和６年（1931年）に文部省が開催した「体育運動管理講習会」の席上での体育館に関する講演では、「体育館」は、最低バスケットボールを可能とする規模の体育室に、更衣室、観覧席および集会室と兼用する場合の舞台を付設したものとの簡明な解説がなされている[11]。

　また、昭和11年（1936年）に出版された「師範大学講座体育第11巻、体育館、安田弘嗣」によると、「体育館の必須なる要素」として**表1-1**に示すような、当時の体育館の水準を遥かに凌ぐ諸室が列記されている[12]。

表1-1　体育館の必須なる要素

安田氏による「体育館の必須なる要素」（昭和11年）

1. 運動場 ― 体育室
2. ランニングトラック
3. インドア・フィールド
4. 器具、器械室
5. 指導者或いは監督室
6. 医務室
7. 研究室或いは実験室
8. 教室
9. 更衣室（A.男子更衣室、B.女子更衣室）
10. シャワールーム及び浴室（A.男子用、B.女子用）
11. 化粧室（A.男子用、B.女子用）
12. 観覧席
13. 映写室

しかし、実際にはこのような定義にかなう施設の実例は、東京ＹＭＣＡ体育館と国民体育館を除いては他に存在しなかった。それで、「体育館」は専ら理想もしくは目標概念としてか、体育館の水準には必ずしも達しない屋内（雨天）体操場の便宜的な呼称として用いられるかのどちらかであった。前述の文部省の講習会における体育館の解説は、このような水準を前提としてのものであった。

〈注記および引用〉
1）木下秀明：近代日本における体育館の歴史、日本大学人文科学研究所 研究紀要
　　第22号、1979.3
2）高木秀太郎：第5回内国勧業博覧会、1903、大阪府立図書館蔵
　　木下秀明：日本体育大学八十年史、学校法人日本体育会、pp.295-308、1973、
3）この直後に体育事情調査のため文部省より欧米に派遣され、後の「学校体操教授要目」の立案者となった永井道明は、その通信の中で欧米の自治体が設置する体操教室を“体育場”として紹介している。（「普通教育に於ける体操取調報告を読む」、学校法人日本体育会発行「体育」第155号、p.74、1906.10）
4）木下秀明：日本体育大学八十年史、学校法人日本体育会、pp.298-300、1973
5）吉田光邦編：万国博覧会の研究、思文閣出版、p.288、1986.2
　　東京市役所市史編さん係編：東京勧業博覧会案内、1907、大阪府立図書館蔵
6）木下秀明氏は、別著『名称からみた屋内体育施設の系譜（米国の大学の場合）、体育史研究第3号、1986.3』において、「運動内容が多様化したため、それらを包括する名称である体育を用いて『体育館』と呼ばれるように変化した」と筆者と同様の指摘をしておられる。
7）ここには、「体育」なる概念が、知育、徳育と並んで、そもそも教育の目的的概念でありながら、やがてその外延が広がり、手段的あるいは現象的概念としての即物的な運動一般をも「体育」と称されるようになった明治後期の体育界の状況を率直に反映していることがうかがえて極めて興味深い。
8）「基督教青年会一覧」、日本基督教青年会同盟、1911.9
9）島田正士：大正時代の体育・スポーツ第一集、新聞による資料、さつき書房、1979
10）昭和15年に開催予定の第12回オリンピック東京大会は、戦局の広がりにより中止された。
11）文部省：現代体育の施設と管理、目黒書房、1931
12）安田弘嗣：師範大学講座体育第11巻「体育館」、建文館、1936

〈表の出典・出所〉
表1-1 前掲注記12）から著者作成

2. 戦前の学校体育館

（1）スポーツ環境資源としての学校体育施設

　屋内施設にしろ屋外施設にしろ、わが国におけるスポーツ施設の変遷を語る上で、学校体育施設の存在を無視することはできない。戦前、公共スポーツ施設が貧弱であったわが国にあってそれなりにスポーツ活動が展開されてきたのは、地域に満遍なく分布する学校体育施設の存在があったことと無縁ではない。

　一方、経済的な制約もあり、その施設の内実において豊かさやうるおいに欠ける側面があったことも事実である。ここでは、明治時代以降の戦前における学校体育館の起源と変遷を紐解くことを通してそのことを明らかにしておきたい。

（2）わが国最初の近代的体育館／体操伝習所付属体育館

　本格的な体育館が日本にはじめて登場したのは、明治12年（1879年）に完成した体操伝習所の付属体育館においてであった[1]。それは、文部省お抱え体育教師リーランドの出身大学である米国マサチューセッツ州のアマースト大学の体育館をモデルに設計されたものである（**図2-1**）。

　それ以前にも28坪という小中学校の教室程度の体操室を有する官立大阪英語学校のような事例もあったが、130坪近い体操伝習所のような本格的な体育館は皆無であった。当時の文部省学監モルレーが、日本のような気候が良い国では戸外で運動すればよいと述べたように、当時、体育館などは不要であるとする風潮が強かったことを考えれば肯けるこ

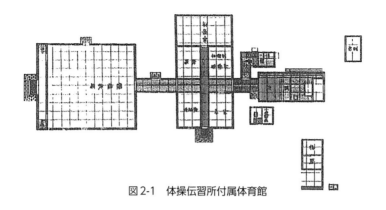

図2-1　体操伝習所付属体育館

写真2-1　大阪中学校体育館

とであろう。にもかかわらず、体操伝習所の付属体育館が日の目をみることになったのは、米国留学により学校体育の重要性を感得して帰国した文部省体操取調掛の伊沢修二の提唱によるところが大であった。

　その体操伝習所で養成された体育教師らは、卒業後、各地の中学校や師範学校に体育の授業を広めていった。それに呼応するように、その後、文部省直轄の大阪中学校（**写真2-1**）[2] および京都師範、大阪師範など各地の師範学校に陸続と体育館が設置されていった。それらの多くは当時としては完成度の高い体操伝習所付属体育館をモデルに設計されたが、規模は約半分の60坪程度であり、小型化されたものであった。そうではあったが、これらの体育館は、後にみられるような天候不良時における臨時的利用施設としてではなく、欧米流の室内体操を実施する恒常的利用施設として位置づけられるものであった。

（3）生徒控所との兼用

　しかし、この頃、一般の小中学校においては、生徒控所が設けられることはあっても、体育館が設置されることはほとんどなく、体操は専ら屋外において行われていた。特に小学校においては、就学上の問題や財政的制約からまだ十分な校舎を持たない学校も多く、体育館の設置は極めて困難なことであった。

　明治17年（1884年）に体操伝習所教師坪井玄道らによって出版された『小学校普通体操法』（坪井玄道・田中盛業編、上・下巻、金港堂）3) には体操は屋内の「体操教場」で行うべきことが指示されていたにもかかわらず、4年後に出版された『改正小学校体操法』において、早くもその項が削除されたのは当時の実情からして仕方のないことであった。

　しかし、例外もなくはなかった。例えば、明治20年（1887年）の富山県通達4) にみられるように、積雪寒冷地における冬季間の体操場として設置されたものがそれである。ただし、それらの多くは生徒控所との兼用であった。否むしろ、生徒控所を体操場に転用していたというのが正確かもしれない。

（4）有覆体操場

　体育館が諸規則にはじめて登場するのは明治24年（1891年）の尋常中学校設備準則においてであった。この中に講堂や生徒控室の必要が示されているとともに、「土地の情況に依り体操場に充つべき相当の建物を設くべし」と、体育館の設置を示唆する記述がみられる5)。

　この年は、文部省が学校衛生について諮問するため三島通良を学校衛生事項取調嘱託に任用した年であった。三島は各地の学校を巡視の後、明治26年（1893年）に『学校衛生学』（博文館）を著した。その中で、「体操遊戯は必ず常に郊外に於てするを最も可とすれとも有覆の体操場もまた必要にして雨天若しくは寒暑劇烈の際に於ては、又此所に於てす

るを要す」と記し、体操は原則として屋外で実施すべきこと、雨天や寒暑が激しい場合には「有覆の体操場」も必要であること、日除けのためであれば藤棚や葡萄棚のようなものでよいことなどを提唱している[6]。

　さらに、体操伝習所以来の米国型のやや閉鎖的空間を成す体育館に異を唱え、体育館を設ける場合には、採光、換気、室温の調整を重視し、高温多湿の我が国の気候に留意して開放的な空間構造にすべきことに言及している。上記の尋常中学校設備準則に掲げられた「体操場に充つべき相当の建物」とは恐らくこのようなものであったと推察される。とりあえず屋根さえあればよいというこのような考え方は一種の簡略化であり、当時の経済状況からすれば都合のよい考え方であったといえよう。開放性という機能的な根拠もありはしたものの、むしろ経済面からの要請によるところが大であったことは否めないところであろう。

（5）雨中体操場・雨天体操場

　体育館が法制面において明文化されたのは明治28年（1895年）に文部省より発行された学校建築図説明及設計大要においてである。この中で、小学校の項に「雨中体操場」、中学校および師範学校の項に「雨中体操場」および「雨天体操場」の名称が出現する。この頃より小中学校においてもようやく体育館の必要性が認識されるようになったと考えてよい[7]。**図2-2**に示した新潟県東本町小学校はその一例である[8]。

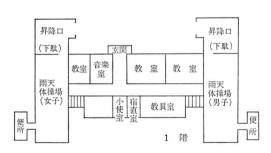

図2-2　雨天体操場の実例（新潟県東本町小学校）

しかし、その形状および構造については、「構造を簡略にし、平屋建てにして、採光換気上に注意し、内部は土間にすべし、天井を設くる必要なし」との指針が示されているように、通常の体育館には程遠いものであった。要するに、雨露あるいは直射日光を遮ることができる屋根さえあればよしとする簡易な体育館が求められていたのである。前述の三島の考え方を汲むものであったといってよい。その程度のものではあったが、時あたかも日清戦争の直後、さらなる富国強兵が叫ばれていた時代に、体育および衛生の役割についての認識が一段と高まり、天候にかかわらず児童、生徒に体操を課すことの意義が認められるようになったことは特筆に値するものであった。

　ちなみに、前述のような屋根だけの施設には実は明治初期からの源流があった。陸軍戸山学校に明治8年（1875年）に完成した「雨覆体操場」である。それは天候不良時の演習場として設けられたもので、幅8間（14.4 m）、奥行き30間（54 m）程度のかなり大きなものであったが、内部には2間（3.6 m）間隔で縦横に柱が立っており、床は土間のままで、周囲には壁が全くない吹き放しの空間であった。床が土間である点は米国に普及していたフィールドハウスに類似しているようではあるものの、周囲に壁がないことと室内に柱が林立しているところが大きな違いであった。前述の図説明や三島が提唱した体育館がこのような軍隊の「雨覆体操場」の系譜に繋がるものであるか否かは定かではない。しかし、形態的な類似性が認められることから一つの手本とされたことは考えられるし、規則中や文献に繰り返し出現していたことからみると、関係者の意識の中には体操伝習所付属体育館のような本格的な体育館像と並行して、このような簡略的かつ開放的な体育館像があり、一つの系譜を成していた可能性は否めない。

　いずれにせよ、この当時に構想された学校体育館はこのようなやや粗末なものではあったが、明治33年（1900年）の小学校令施行規則および翌年の中学校令施行規則に「土地の情況により之を設けざるを得」とあるように、そのような粗末なものですら一律に設置を義務づけること

はしなかった。規則文中にわざわざ「雨雪に堪うべき設備を為すことを要す」と雪のことが強調されているように、依然として積雪寒冷地での設置に重点が置かれていた[9]。実際にも設置されたものは寒冷地に多く、気候温暖な南西地方には少なかった。まだまだ体育館への注目度はその程度のものであったといえようが、当時の経済的な制約も想起しなければなるまい。

(6) 屋内体操場

とはいえ、前出の両規則中には「体操場は分て屋外体操場及屋内体操場とす」とあるように、体育館の呼称がそれまでの雨天体操場や雨中体操場から「屋内体操場」に変更されており、体育館に対してそれまでとは異質の新しい概念が持ち込まれようとしていたことも窺われる。すなわち、それまでのような単に気候や天候に対応した、いわば臨時的利用施設として体育館を想定する考え方ではなく、室内で行うことがふさわしい体育的活動を認め、恒常的に体育館を利用することの意向が反映されているとみることができるからである。言い方を換えれば、体操伝習所が目指していた方向がこの時期に至ってようやく認知されるようになったとも解釈できる。

いずれにせよ、このような体育概念の変化に呼応して、体育館の構造に関する考え方も徐々に変化した。明治37年（1904年）の文部省発行の学校建築設計要項には、「内部土間もしくは板張とし」とあるように、それまでのような屋根をかけただけの体育館から床張りの体育館への指向が読み取れる。反面、「周囲又は二方若くは三方を吹抜とすべし」とあるように、その簡略性や開放性から完全に脱皮するには至っていなかったことも一方の事実である。発展とは実に跛行的であるが、当時の経済的制約がその背景にあったことが推察される[10]。

しかし、まもなくこの中途半端な体育館の考え方には批判の手が挙がった。先述の設計要項が発行された明治37年（1904年）に文部省の

中に体操遊戯取調委員会が設置され、翌明治38年（1905年）には同委員会より調査報告書が提出された。その中で「従来の雨天体操場を以て満足すること能わず」として従前の考え方が批判され、かつ四周を壁および窓で構成し、床を板張りとすることが奨励された。以後、屋根、壁、床で囲まれる通常考えられる普通の体育館が建設される方向に進むことになる。体操伝習所によって植えられた種がようやく実を結ぶようになったと捉えることもできよう。ただし、このように急速に体育館の充実が奨励されるようになった背景には、単に体育的活動への認識の向上があったのみならず、別の外部的要因が強くあずかっていた。

（7）講堂との兼用

　日露戦争前後より、学校教育において以前にも増して皇道主義的な指向が拡大するのに伴い校長による好戦的な内容の訓話が盛んになった。まさにこれらの訓話を行う神聖な場所としての講堂の設置が強く求められていた。その勢いは体育館の必要論を上回るほどであった。そのような風潮の中、この2つの必要論は容易に結び付けられ、政府は経済的合理性に鑑みて「講堂兼体育館」を推奨することになったのである。

　ちなみに、講堂の建設は、明治23年（1890年）に教育勅語が制定され、翌年に小学校祝日大祭日儀式規程が設けられた頃より目立ち始め、明治40年代から大正時代にかけてさらに促進された。前述のような体育館のとの兼用型だけでなく、単独で設置されるものも少なくはなかったが、それらはステージの奥に天皇の御真影を安置した奉安室を兼備したものが大半であった。講堂を設ける余裕がない学校では、いくつかの教室を可動壁により連続させたぶち抜き教室で間に合わせるものも多かった。

　このような講堂への需要は、体操授業の進展と相まって兼用型体育館の設置を促した。前述の文部省・体操遊戯取調委員により明治39年（1906年）に出版された『体育之理論及実際』には、「経費の都合上、

専用体操教室を設くる能はざる場合には、講堂と兼用するも妨げなし」
と提示されるとともに、「屋内体操場兼講堂仮想設計図」と記された兼
用型のモデル設計図が添付されている（**図2-3**）11)。このモデル設計図
によって描かれた形態は今日の学校体育館にみられるものとほとんど同
じものであった。すなわち、長方形の平面を成し、ステージが一方の短
辺側に設けられ、体育室の上部にはステージ上を除く三方に幅狭のバル
コニー式のギャラリーがコの字型に施されたものである。この時に提唱
された講堂兼体育館は、その後細かな変化はあったものの、その基本的
な形態に大幅な変化はなく、現在に至るまでほぼそのままに継承されて
いる。利用上さまざまな問題が指摘されながらも経済的な合理性に加え

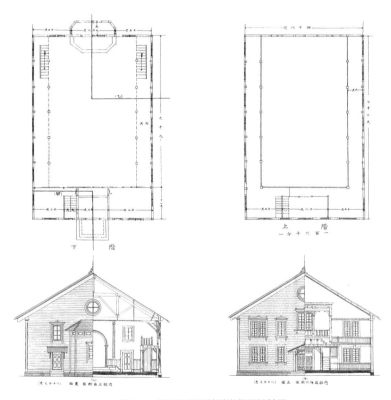

図2-3　屋内体操場兼講堂仮想設計図

て講堂的な利用頻度は少ないとの理由から兼用型が推奨されたものと考えられる。兼用型体育館が実際に普及するのは大正期に入ってのことであるが、今なお小中学校においてみられる講堂兼用型体育館の淵源はこの時代にあった。

（8）体育館の日本化・神聖化

この講堂兼用型体育館は、それまで繰り返し登場した簡略的および開放的体育館像に終止符を打つものではあった。しかし、兼用という側面からみると、体操伝習所が持ち込んだ純粋な体育的用途に供せられる欧米型体育館からの変質すなわち日本化と解釈することも可能であろう。限られた空間を多用途に兼用や転用する行為は、住宅の和室の使い方にみられるように、わが国に特有の所作と考えられるからである。

ところで、このような講堂兼用体育館は体育館に対する関係者の意識に変化をもたらした。それは体育館を神聖な空間として特別視するものである。そもそも学制の発布以来、学校施設を神聖空間視する習慣が存在していたこととも関係するが、理由はそれだけにはとどまらない。この時代の体育教育はスポーツというより身体的および精神的な訓練とみなされる傾向が強く、また屋内体育施設の場合は明治以前から継承されてきた道場（武道場）との類似性から神聖視される素因が存在していたのであるが、この時期に皇道教育の中心的な場であった講堂と兼用されることになってその傾向は一段と強まったとみてよい。このような感覚は関係者の中につい最近まで残っていたように思われる。

（9）屋内運動場

講堂兼用型体育館は、大正期以降、バスケットボールやバレーボールなどの室内球技が盛んになるのにしたがい徐々に設置率が上昇していったが、多くの小中学校に体育館が整備されるようになったのは戦後のこ

とであり、それも昭和39年（1964年）にその建設に対して国庫負担が
認められることになってからである。同時に、体育館の呼称は屋内体操
場から「屋内運動場」に変化し、単なる体操に留まらず運動全般の実施
空間としての役割が強調された。しかし、その基本的な形態に大きな変
化はなく、構造が鉄筋コンクリート造や鉄骨造に変わったに過ぎない。
戦前の体育館にもほとんどなかった更衣室やシャワー設備は相変わらず
付置されることも少なく、無味乾燥な体育館が再生産されてきた。

〈注記および引用〉
 1) 成田十次郎編著：スポーツと教育の歴史、不昧堂、p.57、1988.4
 2) 木下秀明：近代日本における体育館の歴史、日本大学人文科学研究所研究紀要第22
    号、p.76、1979
 3) 坪井玄道・田中盛業編：小学校普通体操法、上・下巻、金港堂、1884、「近代体育文
    献集成第9巻、日本図書センター、1982　所収」
 4) 青木正夫：学校Ⅰ、建築計画学8、丸善、p.239、1976
 5) 前掲2)、p.78
 6) 三島通良：学校衛生学、博文館、pp.278〜279、1893、「近代体育文献集成28巻、日
    本図書センター、1983　所収」
 7) 前掲4)、p.239
 8) 前掲4)、p.240
 9) 井上一男：学校体育制度史 増補版、大修館書店、p.41、1976
10) 文部省：学校建築設計要項、1904
11) 井口あくりほか元文部省体操遊戯取調委員：体育之理論及実際、国光社、pp.384〜
    385、付録（屋内体操場兼講堂 仮想設計図）、「近代体育文献集成第5巻、日本図書
    センター、1982　所収」

〈参考文献〉
①能勢修一：明治体育史の研究、新体育学講座第37巻、逍遥書院、1965
②日本体育施設協会編：学校屋外運動場の整備指針、ほるぷ出版、1982
③日本体育施設協会編：学校屋内運動場の整備指針、ほるぷ出版、1982
④竹之下休蔵・岸野雄三：近代日本学校体育史、日本図書センター、1983
⑤上和田茂：「体育教育を学ぶ人のために」所収、第9章学校体育施設の文化史、世界思
  想社、pp.166-182、2002

〈図および写真の出典・出所〉
図2-1 前掲注記1) から作成
写真2-1 前掲注記2) から作成
図2-2 前掲注記4) から作成
図2-3 前掲注記11) から作成

3. 社会用体育館としてのYMCA体育館の変遷

（1）社会用体育館としてのYMCA体育館

　戦前において、一般社会人が利用できる公共の社会用体育館は、昭和12年（1937年）に文部省により開設された東京一ツ橋の国民体育館を除いては存在しなかった。

　しかし、これに代わるものとして、主要都市には明治から大正にかけての時期に近代的な屋内体育施設を備えたYMCAの会館があり、これらが青年キリスト教徒はもとより一般社会人に広く開放され、事実上、社会用体育館としての役割を果たしていた[1]。

　これらの会館の多くは、米国YMCAからの資金援助を得、施設内容も米国のYMCA会館に範を求め、明治後期以降に陸続と建設されたものであるが、建設時期の推移にしたがい施設構成および空間構成において明確な変化を遂げている。この変化の過程を探ることにより体育館の計画概念についての変容の跡をたどることが可能である。この過程を概括的にとらえると、レクリェーションスポーツ施設から競技（特に球技）観戦施設への変化と解釈することができる（**表3-1**）。

（2）変遷の概要

　戦前におけるYMCAの屋内体育施設の変遷過程は、**図3-1**に示すように、大きく4段階に分かつことができる。第1期は、大阪YMCAが日本のYMCAで初めて本格的な会館を設置した明治19年（1886年）から明治末期までの期間で、専用の体育施設はないものの、必要に応じ

表3-1　戦前における日本のＹＭＣＡ屋内体育施設一覧

施設名称	建設年	設置形式	体育室名称	体育施設の規模 (フロア面積)	脱衣室の有無	付属体育施設	建物概要 (設計者)
大阪YMCA （1期）	1886年 (M19)	講堂の転用	―	―	無	柔剣道場 （M40に増設）	木骨煉瓦造2階建 オルチン
東京YMCA （1期）	1894年 (M27)	講堂の転用	―	―	無	体操教場	煉瓦造3階建 コンドル
長崎YMCA	1906年 (M39)	講堂の転用	―	―	無	小運動室	煉瓦造3階建 スタウト （監督）
京都YMCA	1911年 (M44)	専用体育室	屋内運動場	14.0×10.5m	有	ボーリング室 （T5に設置）	煉瓦造4階建 デラランデ
神戸YMCA （1期）	1913年 (T2)	講堂と兼用	大講堂	20.6×14.1m	有	ギャラリー	煉瓦造3階建 シャタック&ハッセー ヴォーリズ
横浜YMCA	1916年 (T5)	講堂と兼用	体育場	16.5×13.0m	有	ギャラリー	RC煉瓦造4階建 ヴォーリズ
東京YMCA （2期）	1917年 (T6)	専用体育室	室内運動場	23.8×17.2m	有	室内プール ボーリング場 柔剣道場 ランニングトラック	RC造3階建 ヴォーリズ
神戸YMCA （2期）	1922年 (T11)	専用体育室	室内体育場 運動場	20.8×13.2m	有	柔道場 ギャラリー	RC煉瓦造4階建 ヴォーリズ
名古屋YMCA	1924年 (T13)	講堂と兼用	室内体育場 体育室	18.5×13.0m	有	柔道室 ギャラリー	木造3階建 ヴォーリズ
大阪YMCA （2期）	1925年 (T14)	専用体育室	室内体育場	21.8×13.3m	有	特別練習室 ギャラリー	SRC造5階建 ヴォーリズ

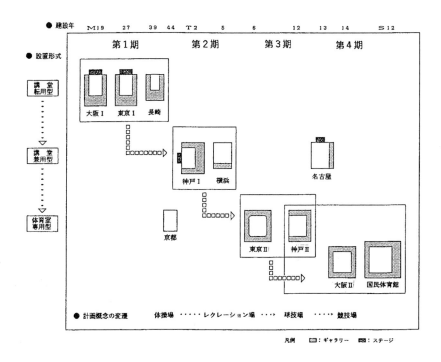

図3-1 戦前における日本のYMCA屋内体育施設の計画概念と形態の変遷

て講堂を体育用途に転用していた時期。第２期は、普及し始めた屋内ス
ポーツ・レクリエーションを円滑に行えるよう体育用途としての機能を
充実させることにより、兼用ながら体育室として明確に計画されるよう
になった明治末期から大正初期にかけての時期。第３期は、活動の進展
に伴い体育室が講堂から分離独立して専用化が図られ、体育関係の諸設
備の整備も進展した大正中期の時期。第４期は、屋内スポーツとりわけ
バスケットボールなどの球技が一段と盛んになり、頻繁に開催される各
種の試合や大会を実施し観戦するのに都合がよい形態をとるようになっ
た大正後期から昭和初期にかけての時期。以下、各期の状況について詳
述する。

（3）第1期／講堂転用型

明治後期の体育行政

わが国が近代国家としての一応の体制を整えた明治後期は、欧米諸国から摂取されたスポーツがようやく最初の定着期へと向かい、学校体育はもとより社会体育の促進に目が向けられるようになった時期でもある。

明治32年（1899年）には「国民全般の体育奨励を務むべし」として、文部省は日本体育会に補助金付きで一般公開用の模範体操場の設置を命じ[2)]、明治45年（1912年）には東京市教育会が「人口5万人に対して1か所以上の割合を以って市内各処に運動場を設置すること」、「官公立諸学校の運動場を開放して市民一般の運動場に使用すること」と答申するなど[3)]、スポーツ行政に大幅な進展がみられた。また、日本体育会は、明治36年（1903年）に大阪市で開催された第5回内国勧業博覧会において特設体操場を、さらに明治40年（1907年）の東京勧業博覧会では室内温水プール付きの体育館を設置し、社会体育の啓発に努めている[4)]。

大阪YMCA

YMCAによる体育事業がその緒についたのはこのような状況を背景としていた。早くも明治19年（1886年）大阪YMCAでは、「近人文弱に流れ敢為の気乏しきを矯正するため、宗教の力とあいまって体育の必要を感じ」、大阪体育会を組織し、「青年会館内の庭園にて、毎日快活なる運動」をしていた[5)]（**写真3-1**）。

東京YMCA（1期）

東京YMCAでは、明治36年（1903年）に体育倶楽部が発足し、毎週水曜日と土曜日の週2回、室内において「最新式美容術呼吸法、ピンポン、輪投げ、バスケットボール[6)]」を、その後大正6年（1917年）に体育館が完成するまでは、会館敷地内の空地において、テニス、ハンドボール、バスケットボール、バレーボール、インドアベースボール、

写真3-1　大阪YMCA講堂（1期）

弓術の指導が行われていた[7]。なお、東京YMCA本館地下には体操教
場なる室が設けられていたようであるが、利用実態は不明である[8]。

長崎YMCA

　長崎YMCAでも、明治39年（1906年）に完成した会館内でバレー
ボールの指導がなされていた[9]。この時期までのYMCAの会館には専
用の体育室はなく、必要に応じて講堂を転用していた。

京都YMCA

　明治44年（1911年）に完成した京都YMCA会館の中には講堂とは
別に専用の体育室が設けられ、インドアベースボールやバスケットボー
ルが行われていたが、本格的な体育室には今一歩の規模のものであり、
卓球大会などの競技の開催時には講堂が転用されていた[10]（**写真3-2**）。

写真3-2　京都YMCA講堂

柔剣道場

　当時は、軍国調の鍛錬主義の影響もあって専ら戸外活動が奨励されて
おり、屋内での運動は不健康なものとして退けられる傾向が強く、また
その呼称も「室内遊戯」とされ、遊びの範疇に含められ、運動あるいは
スポーツ活動としての市民権を得るには至っていなかった[11]。

　ただし、日本古来の柔剣道等の武道については例外的に厚遇されてい
た。時代遅れのものとして久しく低迷していた柔剣道は、武道推進派の
強い圧力もあって、明治38年（1905年）文部省の「体操遊戯取調報告」
において、教科外に行うべきものとの条件付きながら、学校教育の中に
明確に位置付けられたことに象徴されるように、柔道、剣道等の武道は
以後徐々に奨励の方向に向かう[12]。YMCAもこの例外ではなく、大
阪YMCAにおいて明治40年（1907年）に本館とは別に柔剣道場を新
設して普及に努めたのをはじめとして、柔剣道等の武道は明治末期から
大正中期にかけて各地のYMCAにおいて盛んに行われた[13]。

（4）第2期／講堂兼用型

北米YMCA同盟の海外援助事業

　屋内スポーツ活動軽視の風潮の中にあって日本のYMCAが屋内体育施設の整備へと向かうのは、明治43年（1910年）に開始された北米YMCA同盟の海外援助事業により多大な財政援助が得られたこと、さらに明治45年（1912年）の第4回日本YMCA同盟総会において、今後3か年の方針として、体育施設の増設と体育部指導者の養成を掲げ、体育事業の振興を決議したことによる[14]。

神戸YMCA（1期）

　大正2年（1913年）に完成した神戸YMCA会館には、講堂との兼用による体育室が設けられた。当時、米国におけるYMCAの会館のスタイルは体育館を主体とする「ニューヨーク型」と称されるものが主流となっており、講堂を主体とする「シカゴ型」と称されるスタイルは旧式として退けられつつあった[15]。それにもかかわらず、神戸YMCA会館にこの旧式のスタイルが採用されたのは、当時の日本のYMCA活動の発展の遅れを反映しているものと解釈できるが、設計者であるヴォーリズの設計協力者であるシャタック・アンド・ハッセイ設計事務所の所在地がシカゴであったことも影響していると推測される[16]。

　ではあるが、この講堂兼用体育室はそれまでの講堂とはかなり趣を異にしており、むしろ体育用途、特にバスケットボールなどの球技の便を最大限に重視した形態を成している。すなわち、ステージに相対してコの字型に2階ギャラリーが設けられる講堂特有の形態を成してはいるものの、短辺側にステージを配置するいわゆる「タテ型」と呼ばれる通常の講堂形式を採用せず、長辺側の中央にステージを配置する「ヨコ型」の形態を取り、かつ吹抜け部分を広く確保している。このようにすることにより、ステージに邪魔されることなく両短辺側にバスケットボールのゴールを設置することを可能とし、また広い吹抜け空間によりボール

写真3-3　神戸YMCA（1期）講堂兼体育室

ゲームが円滑に行えるように工夫されている。また、「ヨコ型」の利点の一つは、ステージを見学（観覧）席としても代用できることにあるといわれているが[17]、写真によると、まさにそのような使い方がなされており、誠に興味深い**（写真3-3）**。

横浜YMCA

　続いて、大正5年（1916年）に完成した横浜YMCAも講堂との兼用ではあったものの、一段と体育用途への傾斜が進んだ形態を成している。固定ステージが無く、2階ギャラリーも見学用として短辺側の一方に申しわけ程度に付設されているに過ぎず、壁には肋木が配置され、そのため窓は高窓となり、天井部の梁は露出し、天井からは吊り輪などの諸体育設備が吊り下げられている。このように実質的には体育室と呼んでも違和感のない形態であった。まさに、次時代の専用体育室としての発展段階に手が届く位置にあったといってよい[18]**（写真3-4）**。

　ちなみに、明治39年（1906年）に建設された先述の長崎YMCAの増築計画案が大正2年（1913年）に作成されているが、これによると講堂の中にあったステージが撤去されており、体育用途への傾斜が進んでいたことが傍証される。

写真3-4　横浜YMCA講堂兼体育室

（5）第3期／体育専用型（屋内球技施設）

東京YMCA（2期）

　YMCAのスポーツ活動は、大正2年（1913年）に北米YMCAから派遣されたF．H．ブラウンの来日以後急速に進展した。新設なった神戸および横浜YMCAを始め各地で体育活動の指導を行い、本格的なバスケットボールやバレーボールの普及を促した。

　このような時期に登場したのが、大正6年（1917年）に完成した東京YMCAの体育館である。これも当初の計画では既存会館内の講堂の模様替えによる講堂兼用体育室であり、神戸や横浜YMCAと同レベルに位置付けられるものであった[19]。それが専用の体育館の計画へと転換したのは、直前に2回にわたって渡米し、米国のYMCAおよび体育事情をつぶさに視察した当時の東京YMCA総主事・山本邦之助の尽力に負うところが大である[20]。

　完成した東京YMCA体育館は、大体育室の規模が23.8ｍ×17.2ｍと

写真3-5　東京ＹＭＣＡ（2期）体育館

　ＹＭＣＡの体育室としては先にも後にも最大の広さを誇り、上部には本
邦初のランニングトラックを備えていた。体育室のほかに室内プール、
柔剣道場、ボーリングアレーなどの付属体育室を備えた完成度の高い総
合体育館であった。戦前においてはこれに優る体育館はなく、画期的な
存在であった**（写真3-5）**。

　次節で改めて詳述するように、当時最新の米国ＹＭＣＡ会館をモデル
として設計されたこの東京ＹＭＣＡ体育館における体育事業の主眼が奈
辺にあったのか、その完成記念のパンフレットに的確に示されているの
で、少々長いが引用しておこう。

　「この種の運動場の特徴の一二は、その運動が総て命令的に行わるゝ
にあらずして社交的に行わるゝにあり、（中略）もし試みに新式の運動
遊戯をなして、淋漓として温かくけぶる汗に濡るゝや直ちにシャワバス

に入りて、全身を洗浄する時などの心持よさは、実際経験するものにあらずば、その快感を語るに足らず、一たびこの快感を味ふたるものは、先づ夜間夢円かなる安眠を貪るを得るを以ってその効果を知るべく、（中略）常に気分爽快にして繁劇なる事務を執るにも敏活なる手腕を揮ふことを得るに至り」[21]

　ここに、この施設の「都市勤労者によるレクリエーションの館」としての存在意義および体育事業の果たした役割が明瞭に示されている。

神戸ＹＭＣＡ（2期）

　東京ＹＭＣＡ体育館において体育専用型施設が登場したわけであるが、専用型が確立するのは、東京ＹＭＣＡ体育館に遅れること5年後の大正11年（1922年）に完成した神戸ＹＭＣＡの体育室においてと考えられる。これは、大正2年（1913年）に建設された旧会館が、わずか9年で都市再開発のため移転を余儀なくされ、建て替えられたものである。

　旧体育室が講堂との兼用体育室であったのに対し、新体育室は講堂とは別に専用体育室として、しかも有効スペースがより一層広く確保された本格的な体育室として登場した。東京ＹＭＣＡ体育館において先鞭が付けられた体育室の専用化が、この神戸ＹＭＣＡの新体育室において動かし難いものとなったわけである[22]（**写真3-6**）。

　専用化の原動力になったのは、当時のバスケットボールブームであり、体育館あるいは体育室はもはや「体操場」の延長線上にとどまるものではなく、「屋内球技場」としての位置を確立するに至った。これ以後におけるＹＭＣＡ体育室の吹抜け有効スペースの形状（規模）は、大正6年（1917年）に日本で最初に定められたバスケットボールのルールによるコートの最小値（60ft×35ft：18.3ｍ×10.7ｍ）に概ね相当しており[23]、そのことが「屋内球技場」としてのＹＭＣＡ体育室の性格を裏付ける何よりの証左となっている。これ以後現代まで、体育室（アリーナ）の規模決定にはバスケットボールコートを基準にすることが一般的になっているが、その淵源をこの時期に求めることができる（**表3-1**）。

写真3-6　神戸ＹＭＣＡ会館（2期）体育室

　ところで、バスケットボールなどの屋内スポーツの進展は予想以上に
速く、神戸ＹＭＣＡ新会館の体育室は体育専用化の完成期に位置するも
のであるとともに、既に次の第4期の性格を有するものでもあった。

（6）第4期／体育専用型（競技観戦施設）

ＹＭＣＡの体育事業の進展

　東京ＹＭＣＡの体育館が完成したのと同じ大正6年（1917年）に体育
家Ｗ.Ｓ.ライアンが北米ＹＭＣＡから派遣され、先来のＦ.Ｈ.ブラウン
を助けて指導するようになって以後、日本におけるＹＭＣＡの体育事業
は一段と進展し、その活動内容は球技を中心として、器械体操、体育ダ
ンス、柔剣道と多様な展開を見せるようになり、体育事業抜きにＹＭＣ
Ａを語ることができないほどの重要な位置を占めるようになった。例え
ば東京ＹＭＣＡにおいて、大正11年（1922年）の体育部の年間利用人
員が57,080名の多きに上り、前年度に比して8,341名の増加、水泳部は
38,697名で12,502名の増加とその盛況ぶりが報告されている[24]。

神戸YMCA（2期）／競技観戦施設への傾斜

　神戸YMCAの新会館はこのような時期に建設された。この新会館の体育室では、ステージがなくなり、吹抜け部分が広くなったことを除けば、旧会館の形態とさほど変わらず、従前の形態を踏襲しつつ屋内球技への対応と体育用途への専用化を図ったものと解釈することもできる。しかし、残されている設計図と照合すると、実現した体育室は当初の設計意図以上に、当時の体育状況を反映して一段と前進した体育室としての性格を指向するものであったことがわかる**（図3-2）**。

　その平面図には、実際に建設された体育室の形状がそのとおりに描かれている一方、コの字型の2階ギャラリー（観覧席）の部分に重なるように、消えかけた線で長円形のランニングトラックおよび体育室フロアとランニングトラックを繋ぐ螺旋階段が描かれている。しかも、断面図には、その部分に「RUNNING TRUCK（ランニングトラック）」と明示され、ランニングトラックのカーブ部分には走りやすいようにするためのバンク（傾斜床）さえ施されている。

　この事実から、神戸YMCAの新体育室は当初の計画においては東京YMCAの体育室とほぼ同様の形式を目指していたことが読み取れる。しかし、実際には大幅な設計変更がなされ、東京YMCAとは全く異なる形態を成す体育室が出現した。では一体、どのような事情や理由で計画変更がなされたのであろうか。そこに、当時の体育館に期待されていた性格と計画概念が潜んでいるものと推察される。

　講堂との兼用から脱し専用化を図ろうとする上で、直前に完成した東京YMCAの専用体育館は最良のお手本であり、当初の計画内容において東京YMCAと同じく長円形のランニングトラックを持つ体育室を採用したのは自然の成り行きであったであろう。しかし、この長円形を成すランニングトラックは体育室の全周に施さなければならず、カーブ部分もあり、面積効率の点で極めて不利である。限られた面積の中ではバスケットボールなどの球技用のスペースを確保することを困難にしかねない。また、ランニングトラックは観覧席としては利用しづらいとい

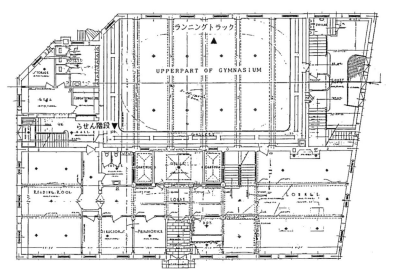

1 階平面図

注：この図面では体育室フロアとギャラリーを結ぶらせん階段が明瞭
ではないが、ギャラリーの左隅に位置している。体育室がある地
階平面図には明瞭に記されているが、紙面の都合から割愛した。

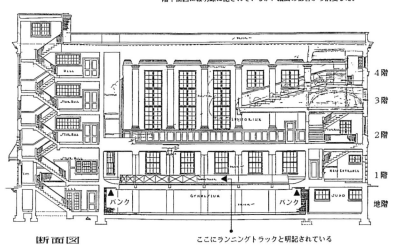

断面図

ここにランニングトラックと明記されている

図3-2　神戸YMCA会館（2期）設計図

う欠点もある。そのようなジレンマの中で、東京YMCAが有していた総合的なレクリエーションスポーツ施設としての性格を敢えて弱め、当時隆盛の途にあったバスケットボールなどの球技の便を優先し、とりわけその「競技観戦施設」としての性格を選択したものと推測される。ランニングトラックに代って充実した観覧席が設けられていることが、そのことを強く裏付けている。東京YMCAができ、同時に良き指導者が輩出するに伴いバスケットボールを中心として球技の試合や大会が急速に盛んになりつつあったことがその背景にあった。

　ちなみに、公共体育館のランニングトラックは、昭和40年代まで一切設けられることがなかったが、その淵源はこの時期にあったとみてよい。

大阪YMCA（2期）／競技観戦施設としての確立

　競技観戦施設への指向は大正14年（1925年）に完成した大阪YMCA新会館の体育室においてより明確となる。この体育室は東京YMCAに次ぐ21.8ｍ×13.3ｍの規模を有し、2階には1階のフロアを取り巻くようにロの字の観覧席が配置されている。これは疑うべくもなく競技の観戦を四周のどこからも可能にする形式であり、一方向に視線を集中させる講堂式のギャラリーとは決定的に異なる[25]（写真3-7、図3-3）。

　繰り返しになるが、この頃、球技に限らず、学校教育と社会体育とを問わず熱狂的な体育競技ブームが起こり、早くも大正15年（1926年）、文部省は「体育運動の振興に関する件」の中で、「世上動もすれば体育運動を一部愛好者の専有に任せ、あるいは運動競技において徒に勝敗に捉われ」と警告を発するほどであった[26][27]。すなわち、競技観戦施設への指向はこのような体育競技ブームを背景として発現したものであった。

名古屋YMCA

　ところで、大正13年（1924年）に完成した名古屋YMCA会館の体育室は講堂との兼用であったが、フロアにはバスケットボールコートのラインが常設的に引かれるなど体育用途が優先されていた。　設計図に

写真3-7　大阪ＹＭＣＡ会館（2期）体育室

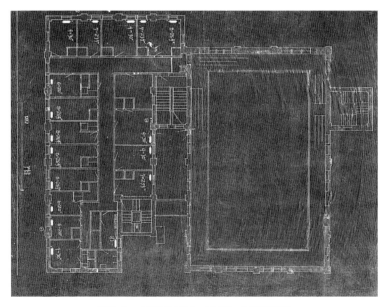

図3-3　大阪ＹＭＣＡ（2期）会館設計図

も「GYMNASIUM」と記されていた。また、2階ギャラリーはステージに相対する方向ではなく、長辺の一辺に沿って長く伸びる一文字型をなしており、曲がりなりにも球技の観戦に適した形をとっている。この点、同じ兼用型でも第2期のそれとは決定的に異なっており、体育用途および競技利用が優先されていることが明白である[28]（**写真3-8、図3-4**）。

（7）大阪YMCA以後

組立式コート

大阪YMCA以後、戦前には新しい会館の建設はなく、関東大震災により損壊した東京YMCAと横浜YMCAの修増築をみるにとどまった。

ところで、昭和期に入って球技熱はますます高まり、「…近時籠球（バスケットボール：筆者注）界の進展は脅威的にして最早一時も大競技場（体育館：筆者注）なしに過ごされぬ状態」となったが、なかなか施設の建設は実現せず、「一方には大体育館建設の計画を進めると同時に、他面、急造の競技場を計画」し、応急策として、大日本バスケットボール協会により、昭和8年（1933年）に明治神宮外苑に組立式のコートが建設された。必要に応じて床板を組み上げるだけのもので、覆いもなにもない屋外コートであった。その規模は30.3 m×18.2 mと、当時の国際競技資格の26 m×14 mを十分に上回るものであり、観覧席もかなり大きなものが設けられた[29]。

国民体育館

その後、大体育館の計画は頓挫していたが、昭和12年（1937年）、文部省により、東京神田一ツ橋に国民体育館が建設された[30]。これは、国民体育の増強を主眼として、「人口10万人以上の都市に1館ずつ建設される予定」であったが、戦局が厳しくなり始めたこともあって、結局この東京の1館のみに終わった。この国民体育館の規模は33.2 m×25.4

写真3-8　名古屋YMCA会館講堂兼体育室

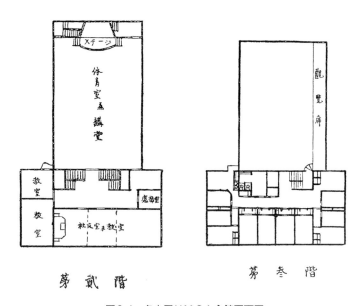

　　　第貳階　　　　　　　　　第參階

図3-4　名古屋YMCA会館平面図

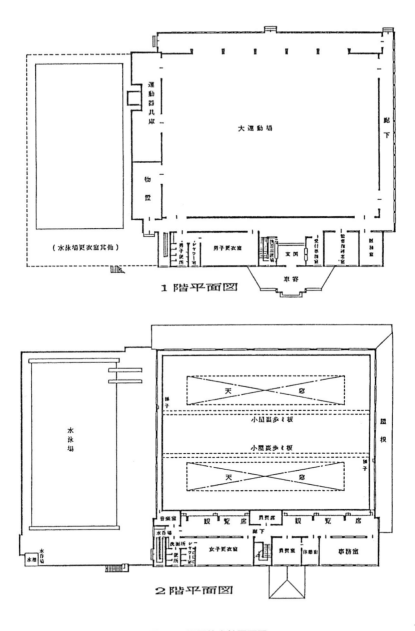

図3-5 国民体育館平面図

mとバスケットボールコート2面確保可能な十分な広さを有し、2階には、一辺に主観覧席を、残りの三辺に狭いながらも観客デッキを配し、主観覧席の中央には貴賓席が設けられるなど、競技観戦の便に重きを置いて設計されている。これが戦前における唯一の公共体育館であるが、既にこの時点において、戦後次々と建設されるようになった競技観戦型の公共体育館の原形が形作られていたといえよう[31]（**図3-5**）。

〈注記および引用〉
1）事実、「厚生省体力局、体力向上施設参考資料第2輯、体力向上施設調、1939」の中の「武道場及体育館一覧表」には、東京ＹＭＣＡ体育室、名古屋キリスト教青年会体育館の名が記されており、準公共施設としての取り扱いを受けている。また、このことは、東京ＹＭＣＡの大正11年度の事業報告において、体育部会員839名中、非キリスト教徒である一般会員が実に790名（95％）の多きを占めていたことからも明らかである。
2）木下秀明：スポーツの近代日本史、杏林書院、1970
3）竹之下休蔵、岸野雄三：近代日本学校体育史、日本図書センター、1983
4）「体育」第161号、日本体育会発行、1907.4
5）「基督教新聞」、1886.9.29号（奈良常五郎「日本ＹＭＣＡ史」1959所収）
6）遊戯としてのバスケットボールは、米国留学経験者である成瀬仁蔵（日本女子大学創立者）によって明治20年代末に日本に紹介され、それを改変したものが女学校を中心に普及していた。これが日本式バスケットボールと呼ばれるものであるが、ＹＭＣＡのものも恐らくこれであろう。
（野村治夫「明治期バスケットボール」参照、「明治期兵庫県バスケットボール協会編：「兵庫県バスケットボール協会60年史」所収）
7）「ANNUAL REPORT 1914」、東京基督教青年会発行
8）なお、河東義之編「ジョサイア・コンドル建築図集Ⅰ（中央公論美術出版、1980）」によると、明治27年に完成した東京ＹＭＣＡ会館（本館）の設計図面には、地階に「体操教場」なる室が記されているが、規模が狭く、その室で本文中に紹介したスポーツが実施されていたか否かは定かではない。
9）「長崎ＹＭＣＡ80年のあゆみ（創立80周年記念）」、長崎キリスト教青年会、1985
10）野村武夫：京都ＹＭＣＡ70年史、京都キリスト教青年会、1975
11）木下秀明：前掲2）参照。但し、ピンポンはテニスの室内版として評価が高かった。
12）今村嘉雄：日本体育史、不昧堂出版、1970
なお、明治44年の中学校令一部改正により、撃剣、柔道が正課として体操科に加えられ、翌45年から実施された。
13）滝口敏行ほか：大阪ＹＭＣＡ100年史、大阪キリスト教青年会、1982
14）奈良常五郎：日本ＹＭＣＡ史、日本ＹＭＣＡ同盟出版、1959

15）木本茂三郎：ＹＭＣＡ史ノート、日本ＹＭＣＡ同盟出版、1983

16）MAY,1911と年月が記された設計図中の設計者欄に下記の記載がある。
「SHATTUCK & HUSSEY-CHICAGO,ILL-USA, W.M.VORIES & CO-
HACHIMAN,OMI,JAPAN-ASSOCIATED ARCHITECT」

17）日本建築学会編：建築資料集成4、学校、1965

18）大和久泰太郎：横浜ＹＭＣＡ百年史、横浜キリスト教青年会、1984

19）「基督教青年会一覧」日本基督教青年会同盟、1911.9

20）山本邦之助：南十字を望美て（八十翁回顧録）、新教材社、1949
山本邦之助：禿翁百話、新々堂、1951

21）「TOKYO Y.M.C.A体育館並増築講堂献堂式記念」、東京基督教青年会、
1917.10.26

22）「70年の歩み」、神戸市基督教青年会、1969

23）大正4〜5年の米国の公式規則が大正6年に翻訳され適用されたものであるが、本格
的なルールとしては我が国最初のものである。（前掲6参照）

24）斎藤実：東京キリスト教青年会百年史、東京基督教青年会、1980

25）滝口敏行ほか：前掲13）

26）今村嘉雄：前掲12）

27）事実、この頃よりバスケットボールの大規模大会が開催されるようになった。
例えば、「第1回全日本選手権大会、大正10年」、「第1回関西選手権大会、大正12
年」、「第1回全関西選手権大会、大正13年」、「第1回明治神宮競技大会、大正13
年」である。（前掲6参照）

28）「名古屋基督教青年会新築落成記念」、名古屋キリスト教青年会、1925.2
吉村欣治：「名古屋ＹＭＣＡ六十年史」、名古屋キリスト教青年会、1964

29）「大日本体育協会史、下巻」、大日本体育協会、1937

30）「文部時報」、第583号、1937.5.1号、文部省
なお、「大日本体育協会史補遺」によると、昭和14年、大日本体育協会は東京市に
対し、「中央体育館を（市内）聖橋畔敷地に建設されたし」との陳情を行っている
が、実現されなかった。

31）厚生体力局：体力向上施設参考資料第5輯「武道場及体育館」1939.7

〈参考文献〉
①「W.M.VORIES & CONPANY ARCHITECTS, their work in Japan 1908〜1936」
（ヴォーリズ作品集）、城南書院、1937

②J.ネイスミス著、水谷豊訳：バスケットボール その起源と発展、日本ＹＭＣＡ
同盟出版部、1980

③菅野誠、佐藤譲：日本の学校建築、資料編、文教ニュース社、1983

④井上一男：学校体育制度史、増補版、大修館、1970

⑤栗山幸三編：体育施設全書2「学校体育施設」、第一法規、1970

⑥日本体育学会体育史専門分科会編：「日本スポーツ百年の歩み」、ベースボール・マガ
ジン社、1967

⑦岸野雄三：「近代体育スポーツ年表」、大修館、1973

⑧上和田茂：戦前のＹＭＣＡ体育室における計画概念と形態に関する史的考察、社会用

体育館に関する建築計画史的研究その1、日本建築学会計画系論文集　第379号、
pp.63-73、1987

〈図および写真の出典・出所〉

表3-1 筆者作成

図3-1 筆者作成

写真3-1「神戸ＹＭＣＡ100年史編纂室編：神戸とＹＭＣＡ百年、神戸キリスト教青年会、
pp.161、1987」から作成。なお、この写真の講堂はどの都市のＹＭＣＡか定説
がないが、筆者はステージおよびギャラリー等の内部形状から、大阪ＹＭＣＡ
のものと推定した。

写真3-2 前掲注記10）から作成

写真3-3「"Snaps" and "Flashes" From Kobe Japan（神戸ＹＭＣＡ)」から作成

写真3-4 参考文献⑥から作成

写真3-5 東京英語学校所蔵（1917年撮影）の写真から作成

写真3-6「神戸青年会商業学校大正14年度卒業記念写真帖」から作成

図3-2 神戸ＹＭＣＡ所蔵の図面から作成

写真3-7 前掲注記13）から作成

図3-3 大阪ＹＭＣＡ所蔵の図面から作成

写真3-8 前掲注記28）から作成

図3-4 前掲注記28）から作成

図3-5 前掲注記31）から作成

4. わが国最初の総合体育館／東京YMCA体育館

（1）東京YMCA体育館の特徴

　大正6年（1917年）10月に、東京神田美土代町に開設された東京Y
MCA体育館は、多種の体育空間を擁し、近代的な体育設備を備えたわ
が国最初の総合体育館であり、以下のような特徴を有する。

　第1に、それは青年キリスト教徒を利用対象とする民間施設ではある
ものの、青年キリスト教徒に限らず広く市民に開放され、諸種の体育事
業を展開することにより社会用体育館としての性格を有していたこと。

　第2に、日本各地のYMCA会館内の体育施設が集会施設との兼用か、
体育用途専用であっても極めて簡素なレベルものにとどまっていたのに
対して、本格的で多様な体育室を擁する専用型施設として登場し、YM
CA体育館の発展過程において画期的な位置を占めていること。

　第3に、米国各地のYMCAにおいて設置されていた体育館の中でも、
当時の先進的な体育館をモデルとして計画されたものであり、大体育室
はもとより、温水プール、ボーリングアレー、柔剣道場などの多様な体
育空間を擁する総合的体育館であること。

　第4に、東京YMCA体育館以後の日本各地の都市YMCAの体育館
がバスケットボールをはじめとする球技施設あるいはその競技観戦施設
としての性格を強めていったのに対し、球技を含む総合的なスポーツ・
レクリエーションの場としての役割を果たしていたこと。

　このように画期的な存在であった東京YMCA体育館は、開設から6
年後の大正12年（1923年）9月に発生した関東大震災により、その骨
格を残して焼け落ちた。そして、昭和2年（1927年）7月の再建後、再

び使用に供されていたが、昭和38年（1963年）の新体育館建設の着手と共に46年間の幕を閉じた。

（2）計画立案の経緯

体育館設置の提案

　体育館設置の最初の提案者であり、かつ強力な推進者は、東京ＹＭＣＡ総主事・山本邦之助であった[1]。彼は早くから日本のＹＭＣＡにおける体育事業の必要を感じていた。明治40年（1907年）、当時進んだ事業を展開していた北米各地のＹＭＣＡを巡察し、帰国後次のように主張し、体育館と室内プールの設置を提案した。

　「アメリカの青年ＹＭＣＡでは学生の間の運動の奨励は勿論であるけれども、亦他方、重きを一般事業に従事して居る青年及び老人迄も網羅して盛んに室内運動を行って一般体育の隆盛を計っており、此の如き設備が米国の実業家の活動の源泉をなせるものである」[2]

　しかし、時期尚早、東京ＹＭＣＡ理事会はこの提案を直ちには受け入れなかった。また、北米ＹＭＣＡの国際ＹＭＣＡトレーニングスクール（現スプリングフィールドカレッジ）で体育学を学んだ後帰国し、一時期東京ＹＭＣＡで体育活動の指導を行い、日本が初出場した1912年のストックホルムオリンピックで監督を務めた大森兵蔵も室内体育館の設置を提案したが認められなかった[3]。

体育館不要論

　山本らの大望が一頓挫したのは、当時の日本の体育状況と無縁ではなかった。当時は、大正2年（1913年）に文部省から発布された学校体操教授要目にみられるように、明治12年（1879年）創立の体操伝習所以来の普通体操に、その後台頭してきた兵式体操を組み合わせた「体操」、それに「教練」と「撃剣・柔術（中学校のみ）」に重きが置かれ、球技などを含む「遊戯」すなわちスポーツは軽視されていた。特に「室内遊

戯」に対しては風当たりが強かった[4]。軍人宰相桂太郎などは、「実戦では、雨雪の中で任務を遂げねばならない以上、風雨に拘わらず戸外で鍛錬するのが真の教育である」[5] として、雨天体操場不要論さえ唱えるほどであった。

このような時代的風潮からすれば、いかに進歩的であったYMCAといえども、体育館の建設に踏み出すことができなかったのはむしろ当然のことであったといえよう。加えて多額の建設費の確保も大きな障害となった[6]。

体育館建設への始動

このような障害にも拘わらず体育館の建設に向けて始動することになったのは、それまで消極論者であった江原理事長自身が米国視察により北米YMCAの体育事情をつぶさに観察し、体育館設置の意義を十分に理解したことによる。また、北米YMCAの有志からの援助金により建設資金の調達が可能になったことが建設への拍車をかけた[7]。

さらに、名誉主事F.H.ブラウンの貢献も見落とせない。彼は北米YMCA同盟から体育事業の専門家として、大正2年（1913年）に日本に派遣され、各地のYMCAで先進的な指導を行っていた人物である。体育館の建設以前は、東京YMCA本館裏の空地で細々と行われていたバスケットボール、バレーボール、テニス、体操の指導をより組織的に発展させ、体育館建設の足掛かりをつくった[8] [9]。

（3）施設内容と創建時平面の推定復原

施設概要

東京YMCA体育館の施設内容は、大正6年（1917年）10月の開館式より7か月前の日本YMCA同盟機関紙「開拓者」の3月号に、次のように紹介されている[10]。

「〈建坪〉百六十五坪カーン式鉄筋コンクリート三階建、階下に幅

二十尺長さ六十尺の微温水浴場、ボーリングアレーと見物台、之れに
シャワーバス、乾燥室、更衣室、貯蔵室を付属せしめ、二階には幅
五十七尺長さ七十七尺の全部オーク張の広大清潔なる運動場にして…
（中略）…三階には二十三周にして一マイルに達する円形競技場〈ランニ
ングトラック〉あり、加うるに四十畳敷の柔剣道場を設け…〈著者補筆〉」

　この紹介記事から体育館の諸室構成の概略がわかる。また、残された
竣工時の写真（**写真4-1**）から主要諸室内部の詳細を把握できる。さら
に、平面構成（諸室配置）については、設計者であるヴォーリズ建築事
務所[11]に所蔵されていた（現在、大阪芸術大学所蔵）[12]大正3年（1914
年）7月1日付けの「TOKYO.CENTRAL.Y.M.C.A.BUILDING.JAPAN」
と銘された設計図面（**図4-1**）により知ることができる。この図面は政
府お抱え外国人建築家であったコンドルの設計により明治27年（1894
年）に開設された東京YMCA本館・講堂（**図4-2**）を増改築し、加えて
体育館を新築するために作成されたものである。

　しかし、他の資料と突き合わせてみると、この図面に描かれている平
面は、実際に建設された平面とは少なからぬ食い違いがみられ、体育館
創建時の平面とみなすには正確さに欠ける。恐らく、施工過程において
設計変更が行われたものと思われる。そこで、当図面を含む関係資料[13]
に基づき、創建時における実際の平面の推定復原を行い、正確な施設全
容を明らかにする。

建物の全体的形状

　大正12年（1923年）9月に発生した関東大震災により本館、体育館
共に大幅な損傷を受けた。その4年後に再建されたが、竣工直前に作成
された「人格建造・奉仕道場としての東京基督教青年会」（体育館修増
築工事報告、東京YMCA、1927年2月）によると、「震災後の修築部
分は建坪167.75坪、他に地下室17.6坪（ボイラー室）、増築部分は建坪
39.62坪、他に1階建て5.3坪（洗濯室）」と、震災後に再建された建物
の規模が、既存建物の修築部分と増築部分とに分けて記されている。

体育室

ボーリングアレー

柔剣道場

写真4-1-a　東京ＹＭＣＡ体育館竣工時室内写真

水泳プール

シャワー室

更衣室

写真4-1-b　東京ＹＭＣＡ体育館竣工時室内写真

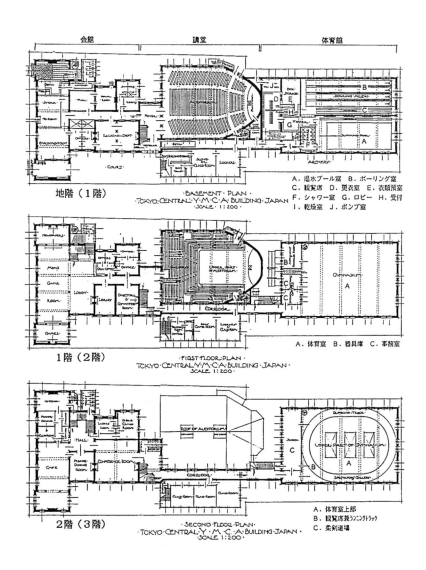

図4-1　東京YMCA会館本館増改築・体育館新築平面図

44

1階

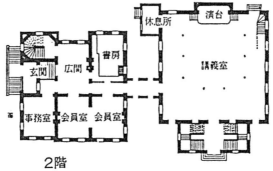

2階

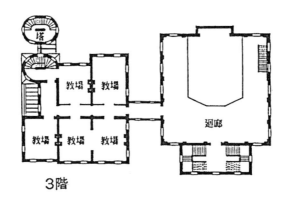

3階

図4-2　東京ＹＭＣＡ会館本館平面図

また、「〈修築部〉…大小体育室、体育器具室、ランニングトラック、水泳室、シャワーバス室、ボーリングアレー室、事務室、医務室、汽缶室、〈増築部〉…上下更衣室、バスケット預室、ハンドボールコート、会議室、日本式浴室、洗濯室」と、修築部と増築部とに分けて諸室名が列記されている。

　この記述によると、修築部分（すなわち既存の創建部分）とみなされる部分は、再建時における修増築平面の復原図（**図4-3**）中の、東側6スパン分に西南隅寄りの回り階段を加えた範囲であると解釈される。

　この解釈は、以下の事実からみても妥当と思われる。すなわち、この修築部の「建坪167.75坪」は、前出の日本ＹＭＣＡ同盟機関紙「開拓者」の大正6年（1917年）3月号の紹介記事に記された「建坪165坪」の数値ともほぼ符合していることである。また、その工事中の建物を撮影した添付写真（**写真4-2**）が、やや不鮮明ではあるものの、推定修築部分の外観を写し出していることである。さらに、作成時期は不明ではあるが、関東大震災後の区画整理時に作成されたと思われる「東京基督教青年会館体育館配置図」（**図4-4**）にもこれを裏付ける外形が描かれていることである。

消えた更衣室

　しかし、このような解釈では、大正6年（1917年）10月の開館式の際に撮影された室内竣工写真（**写真4-1**）に含まれている2階建ての更衣室に該当する部分が前出の修築部分には見当たらず、矛盾が生じる。復興建築担当主事であった永井三郎氏の証言によると、この更衣室は回り階段の北側に位置していたとのことであり、前出の体育館創建時の原設計図（**図4-1**）にもそれと覚しき位置に配置されている。ただし、2階建てではない。

　建坪15坪以上はある2階建ての更衣室が竣工前の創建建物の面積に含まれておらず、関東大震災後の修増築工事報告書からも完全に欠落した原因は何であろうか。この部分が本体工事から大幅に遅れて建設され

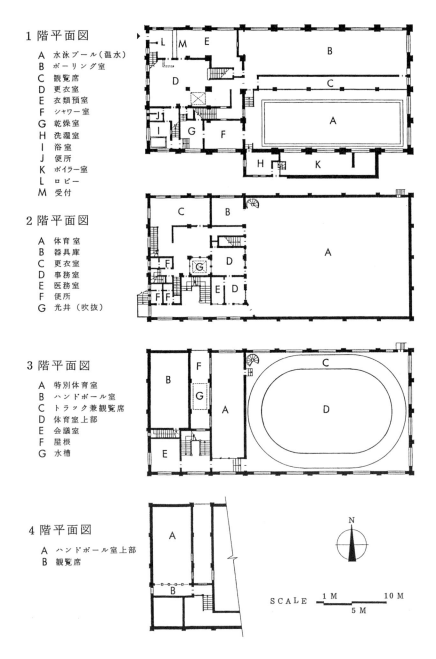

1 階平面図

- A 水泳プール（温水）
- B ボーリング室
- C 観覧席
- D 更衣室
- E 衣類預室
- F シャワー室
- G 乾燥室
- H 洗濯室
- I 浴室
- J 便所
- K ボイラー室
- L ロビー
- M 受付

2 階平面図

- A 体育室
- B 器具庫
- C 更衣室
- D 事務室
- E 医務室
- F 便所
- G 光井（吹抜）

3 階平面図

- A 特別体育室
- B ハンドボール室
- C トラック兼観覧席
- D 体育室上部
- E 会議室
- F 屋根
- G 水槽

4 階平面図

- A ハンドボール室上部
- B 観覧席

SCALE

図4-3　関東大震災後の再建時における修増築平面の復原図

47

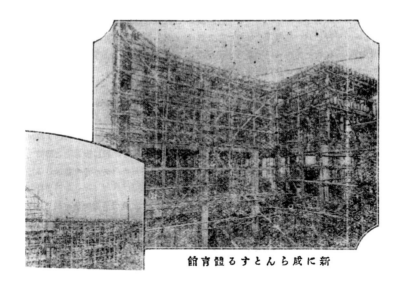

写真4-2　創建時における工事中建物の外観写真

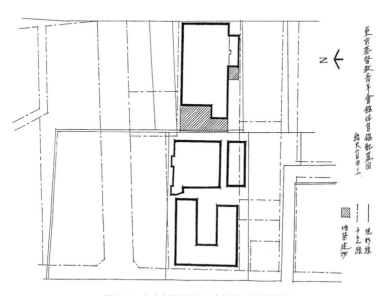

図4-4　東京基督教青年会館体育館配置図

たため竣工の紹介から漏れ落ち、一方木造であったため震災で焼失し、修築部からはずされ、増築部に含められたことによるものではないかと推測される。

　確かに、竣工に先立って7月に開場された室内プールの利用規則中に「脱衣場ノ設備完成ノ上ハ…」[14]とあり、この時点でも未完成であり10月の献堂式（開館式）にようやく間に合ったというように、3階建ての本体部分からは大幅に遅れて完成したようである。前記の工事中の外観写真に更衣室部分が写っていなかったのもこのような理由による。

　施工が遅れた原因は、恐らく体育館に隣接する講堂の設計変更に関連したものであろう。この講堂は明治27年（1894年）に本館と共に建設されたが（図4-2）、その後手狭になったため体育館の新設と同時に増改築されることになった。元の講堂の向きが南北方向であったものを、増改築計画ではこれを東西方向に振り、体育館との間は平屋の更衣室を介して接続するように考えられた（図4-1）。ところが、実際には既存の講堂の向きのまま増改築を行うよう設計変更がなされたようである。推測の域を出ないが、恐らく東西に長い講堂を配置するだけの用地が確保できなかったからではないかと思われる。そして、このような不確定な情況への対応と、講堂と体育館に挟まれた窮屈な場所での施工性を考慮し、この更衣室部分には、ＲＣ造の本体とは異なり、木造での建設が採用されたものと推測される。

諸室の配置および形状

　前出の体育館竣工時における諸室内部の写真（写真4-1）は、言うまでもなく実物を反映しているはずである。しかし、前述の更衣室を始めとして、当初のヴォーリズの原設計（図4-1）とは異なる部分がいくつかみられる。それらは、実際の施工にあたって、原設計から設計変更がなされた部分であると解釈される。その設計変更された諸点は以下のとおりである。

① 温水プール室

原設計では長方形を成していたが、実際には入口方向が台形状に絞られている。プールの長辺を拡張すると共に、ロビーからボーリング場への円滑な動線の確保を企図した結果であろう[15]。

② シャワー室

原設計ではブース（個室）型であったが、実際にはオープン型に変更されている。多人数利用を考慮したからであろう。シャワー室に連続する乾燥室も設置されていない。

③ ボーリング室

4台のボーリングアレーの設置が計画されていたが、実際には2台しか設置されていない。

④ 更衣室

平屋建ての当初計画から吹抜けを持つ2階建てに拡張されている。利用人数の増加を見込んで変更されたものと推測される。

⑤ ボイラー室

原設計ではその位置が明確ではないが、実際にはプールに隣接した半地階に配置されていた。

　以上の検討を経て作成した創建時の体育館推定復原平面図を**図4-5**に示す。

（4）設計計画のモデル

　計画案の作成にあたって、北米各地のYMCAの体育館を模範としたことは疑いようがない。北米YMCAの会館建築は、1869年（明治2年）頃までは、大講堂中心のシカゴ型といわれる会館が主流であった。しかし、それ以後は、体育館を中心とするニューヨーク型が普及し、さらに室内水泳プールが加わった。東京YMCA体育館建設の計画が持ち上がった明治末期には、体育館を有する施設形式が普遍化しており、東

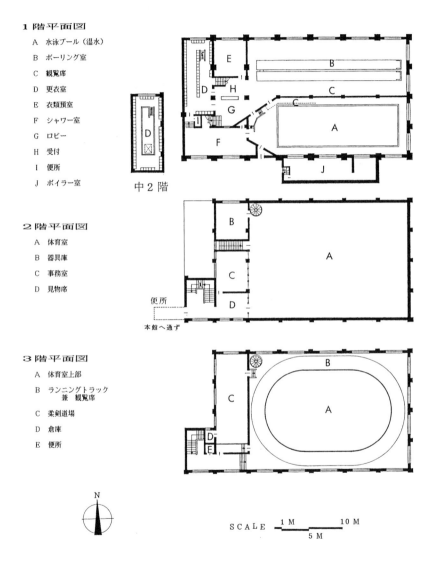

1 階平面図

- A 水泳プール（温水）
- B ボーリング室
- C 観覧席
- D 更衣室
- E 衣類預室
- F シャワー室
- G ロビー
- H 受付
- I 便所
- J ボイラー室

中2階

2 階平面図

- A 体育室
- B 器具庫
- C 事務室
- D 見物席

便所

本館へ通ず

3 階平面図

- A 体育室上部
- B ランニングトラック兼 観覧席
- C 柔剣道場
- D 倉庫
- E 便所

N

SCALE 1 M 10 M
5 M

図4-5　創建時の推定復原平面図

51

写真4-3　米国オハイオ州デートン市YMCA会館の体育館

京YMCA体育館の設計にも大きな影響を与えたと考えられる。これらの事情については、次章の「日本に影響を与えた米国YMCAの体育館」において詳述しているので参照していただきたい。

　写真4-3は1908年（明治41年）に開館したオハイオ州デートン市YMCAの体育館の内部である。東京YMCA体育館の設計が進行していた時期の明治44年（1911年）8月に日本YMCA同盟の広報誌「基督教青年会一覧」[16] に紹介された当時の最新情報である。筆者がデートン市の建設部から直接入手した平面図 **（図4-6）** によると、東京YMCA体育館はこのデートン市YMCAと以下の諸点において類似しており、直接のモデルにされた可能性が高い。

　すなわち、本館とは独立した別館形式（アネックス）であること、3階建て（1階に室内プール、2階に大体育室、3階にランニングトラック）であること、大体育室の規模は64ft×90ft（約162坪）であり、東京YMCAの場合も建坪ではあるが約165坪と類似の数値を示していること、さらに、室内プールの規模は20ft×60ftであり、東京YMCAのそれと全く同サイズであることなどである。

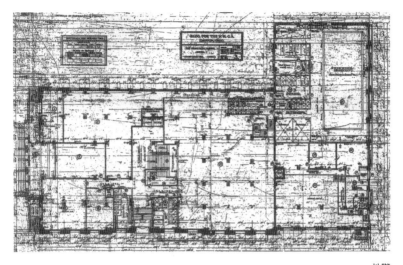

地階

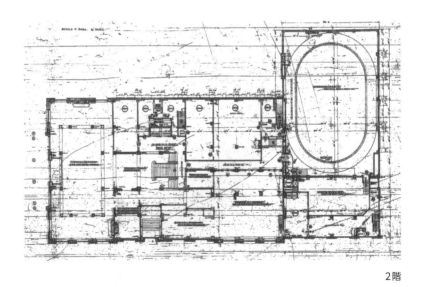

2階

図4-6　デートン市YMCA会館平面図

また、1912年（大正元年）に米国からヴォーリズ建築事務所の所員
として来日し、ヴォーリズの片腕として働いたＪ.Ｈ.ヴォーゲルの出身
大学がオハイオ州立大学でもあり、このデートンＹＭＣＡが直接のモデ
ルにされたことはほぼ確実であろう[17]。
　とはいえ、そのあたりの推測には確証がない。必ずしも特定の体育館
をモデルにしたということはないかもしれない。当時、米国各地のＹＭ
ＣＡに普及していた一般的な体育館の形式を模範にしたと考えるのが妥
当とも思われる。

（5）体育界への貢献

会員制によるプログラムサービス

　東京ＹＭＣＡ体育館が当時の体育界に及ぼした貢献は枚挙にいとまが
ない。東京ＹＭＣＡ体育部は会員制の個人利用が原則であり、ディレク
ター（主事）の指導による自主事業を展開した。当時の利用予定表[18]に
よると、少年部、青年部、会社員、商店員など各層に分けてスケジュー
ルを組み、平日の夜間に開放されていた。
　一方、戦後の公共体育館は長らく貸館主義と大会主義に片寄る傾向が
あった。最近になってようやくプログラムサービスによりスポーツ愛好
者の育成に配慮するようになったが、東京ＹＭＣＡでは当初よりこの運
営スタイルをとっていた。当時、ある一人の会員が東京ＹＭＣＡの機関
誌に記事を投稿し、下記のように述べているが実に興味深い。
　「東京基督教青年会のジムナジウムほど設備の完備充実したものは現
時恐く他にあるまい。しかも帝都の中央、至便の巷にかゝる立派な施設
が僅かの会費を徴して公開して居ることを知らば之を利用せぬ人こそ誠
に馬鹿だとも云ひ得るであろう。…（中略）…僕が今度同館に入会した
最も手近い目的を告白せば僕が『食事をおいしく且つ沢山に頂けるこ
と』と夜分に『前後も知らず強烈なる睡眠を取ること』この二つに外な
らぬ…」[19]

水泳界への貢献

　室内プールにおいては、大正6年（1917年）の開場後まもなく、「事前の体格検査」「シャワーによる洗浄」「長時間水浴の禁止」「水着の消毒」など衛生保持を骨子とする使用規則が定められた[20]。このような厳しい規則が定められた背景には当時の国民における保健・衛生状態の悪さがあった。上記の体格検査によれば、皮膚疾患、性病、伝染病などによる不合格者が約60％を占めたとのことである。それだけにこのような検査を経ての供用は保健・衛生意識を高める上で大きな意義があった。

　さらに、日本水上競技連盟史によると、「大正9年（1920年）に改訂された東京基督教青年会水泳競技規則を左に採録して置く。此規則は当時最も進歩した規則として斯界に認められたものである。」[21]、また、「ここで話と読書によってクロールの練習が行われた。一高水泳部の連中を中心とするもので、（中略）ダニエルスの著書を研究して、新水泳法による競技の合同練習が初まったのである。」[22] とされており、日本の近代水泳の黎明期において水泳界に対して多大な貢献をしている。

球技競技への貢献

　一方、球技については、全日本選手権大会および極東選手権大会国内予選会を始め、大正後期から昭和初期にかけて、バスケットボールの会場として再々使用されている。 また、ここで練習を重ねた東京ＹＭＣＡのバスケットボールチームは、大正10年（1921年）から始まった全日本選手権大会で3連覇を果たしており、その後のバスケットボールの普及に果たした役割は大であった[23]。

社会体育指導者の養成

　このような競技面での貢献にとどまらず、東京ＹＭＣＡ体育部は、大日本体育協会および東京高等師範学校の協力を得て、大正10年（1921年）および翌年の2回にわたり「体育指導講習会」を開催し、当時まだわずかしかいなかった社会体育の指導者の養成に一役買っている[24]。

（6）その後の体育館計画への継承を阻んだ制約条件

　以上のように、東京ＹＭＣＡ体育館が当時の市民層や体育界に成した貢献は多大であった。しかし、残念ながら、このような画期的な特質も、その後のわが国のスポーツ施設計画や運営方法に必ずしも継承されてはいかなかった。当時の社会的・経済的な条件がそれを許さなかったのである。

　大正末期以降のスポーツ活動は急速に競技主体の活動に傾斜していった。過度の競技化に危惧の念を持っていた文部省でさえ、社会体育の振興は競技会を頂点とするピラミッド構造によって実現できると考えていた節がある[25]。また、戦時色が深まった昭和初期には、国威発揚のために列国に劣らない選手を養成することが主眼となり、兵力増強の観点から国民体力の向上が課題にされることはあっても、市民の日常的なスポーツの促進は軽視されていた。

　また、東京ＹＭＣＡ体育館が播種した市民スポーツ活動が普及していかなかった原因の一端は、国家経済の面から比較的費用のかからない屋外スポーツが奨励されたことにもある。

　このような構造は戦後になっても基本的に変わることがなく、わが国のスポーツは久しく学校スポーツおよび企業スポーツを中心とする選手スポーツによって担われてきた。それが、昭和40年代後半以降、余暇時間の増大を背景として、次第に市民のスポーツ・レクリエーション要求が高まり、ようやく東京ＹＭＣＡ体育館のような市民向けの屋内体育施設が再評価されることになった。実に約50年の年月を必要とした。

〈注記および引用〉
　1）斎藤実：東京キリスト教青年会百年史、東京キリスト教青年会、p.137、1980
　2）大日本体育協会編：大日本体育協会史、上巻、p.436、1937
　3）奈良常五郎：日本ＹＭＣＡ史、日本ＹＭＣＡ同盟出版部、pp.205～206、1959
　4）竹之下休蔵・岸野雄三：近代日本学校体育史、日本図書センター、pp.109～111、1983

5）前掲4）、p.93

6）山本は当時を振り返って次のように述懐している。「江原理事長の如きすら、日本は徴兵制により青年の身体は鍛錬せられると言い、ドクトル川上昌保理事は運動は室内にては不可なり、宜しく郊外の原野たとえば荒川放水路の如き場所に休日を利用しバスにて交通すべしと、斯の如く異論百出、折角、主事が洋行調査をなした結果の献策もそのまま葬り去らるることになった。」山本邦之助：禿翁百話、新々堂、pp.133〜134、1951

7）12ヶ国60ヶ所への建設援助金の一部で日本への割当は50万円、そのうち9万円が東京ＹＭＣＡ増改築資金に充てられた。「前掲1）、pp.145〜146」

8）前掲3）、pp.206〜207

9）東京基督教青年会：ANNUAL REPORT 1914

10）「開拓者」、第12巻第3号、日本ＹＭＣＡ同盟、1917.3

11）当初、ヴォーリズ合名会社と称した。設立者のW.M. ヴォーリズはキリスト教の伝道のため1905年に来日、その後日本におけるミッション系の建築の設計を多数手掛けた。「後掲12）」

12）山形政昭：ウイリアム・メレル・ヴォーリズの建築をめぐる研究、私家本（学位論文）、1993.2

13）推定復原に使用した資料は下記のとおりである。
　①「河東義之編：ジョサイア・コンドル建築図面集Ⅰ、中央公論美術出版、1980」に掲載されている東京ＹＭＣＡ会館の平面図
　②「TOKYO.CENTRAL.Y.M.C.A.BUILDING.JAPAN（東京ＹＭＣＡ既存本館・講堂増築、体育館新築設計図面）」、W.M.ヴォーリズ作、1914.7、大阪芸術大学所蔵
　③「東京ＹＭＣＡ体育館修増築・暖房工事図面」、テーデンス設備設計事務所作、1926.7、東京ＹＭＣＡ英語学校所蔵
　④「東京基督教青年会体育館配置図」、ヴォーリズ建築事務所作、作成時期不詳、大阪芸術大学所蔵
　⑤「厚生省体力局編：武道場及体育館、体力向上施設参考資料第5輯」、1939.7
　⑥「東京調達局不動産部：返還財産引渡調書（米軍接収財産の返還)」、1955.2、東京ＹＭＣＡ英語学校所蔵
　⑦「開拓者、第12巻第3号」、日本ＹＭＣＡ同盟、1917.3
　⑧「ＴＯＫＹＯ　ＹＭＣＡ体育館並増築講堂献堂式記念」、東京ＹＭＣＡ、1917.10、日本ＹＭＣＡ同盟所蔵
　⑨「復興部建築特別委員会議事録」、日本ＹＭＣＡ同盟、1926、日本ＹＭＣＡ同盟所蔵
　⑩「人格建造・奉仕道場としての東京基督教青年会（体育館修増築工事報告)」、東京ＹＭＣＡ、1927.2、日本ＹＭＣＡ同盟所蔵
　⑪「開拓者、第12巻第3号、日本ＹＭＣＡ同盟、1917.3」に掲載された工事中の東京ＹＭＣＡ体育館の外観写真
　⑫「創建当時の東京ＹＭＣＡ体育館の室内写真数葉」、1917.10撮影、東京ＹＭＣＡ英語学校所蔵
　⑬「東京ＹＭＣＡ英語学校名誉校長（19年当時）永井三郎からの聴取」（同氏は体

育館の創建直後に東京ＹＭＣＡの会員となり、関東大震災後には復興建築担当主事を務めるなど、創建時および再建時の事情に詳しい)

14）前掲1）、p.148

15）関東大震災後の修増築時に台形状から一回り大きな長方形に改造された。プール槽の長辺をそれまでの20ヤード（18.28ｍ）から当時のプールの標準長さである20ｍに再び拡張したことによる。これによりボーリング室への通路幅は狭められることになった。

16）日本ＹＭＣＡ同盟：基督教青年会一覧、1911.8

17）前掲12）、p.32

18）東京ＹＭＣＡ：東京青年、第306号、1927.7

19）東京ＹＭＣＡ：東京青年、第310号、1927.11

20）① 青年会員ニシテ体育部ニ入ラントスルモノハ体格検査ヲウクベシ

② 脱衣場ノ設備完成ノ上ハ維持会員ニ対し一人毎ニ其の所有品ヲ納メ置クベキ籠一個ヅツヲ貸渡スベシ。

③ 水泳ヲナサントスル者ハ必ズ石鹸ヲ用ヒ「シャワーバス」ニテ身体全部ヲ充分ニ洗浄シタル上水槽ニ入ルベシ。

④ 温浴ハ五分間ヲ以テ充分ナリトス。水泳後ハ温浴ヲ取ル必要ナシ。

⑤ 水泳ハ健康ヲ増進スル益アルハ勿論ナリト雖モ長時間続ケテ水中ニヲルハ却ツテ害アリ。通常ノ人ニアリテハ三十分乃至四十分以上ニ至ラザルヲ宜シトス。

⑥ 水泳場ニ於テハ褌ヲ使用セザルヲ原則トス。但し「シャワー・バス」使用中ノ他ハキボウニヨリテハ本会備へ付ノ消毒済ノモノニ限リ使用ヲ許ス。「前掲1）、p.148」

21）大日本体育協会編：大日本体育協会史、下編、p.1945、1937

22）日本体育協会編：日本スポーツ百年、p.210、1971

23）前掲2）、pp.445〜446

24）日本ＹＭＣＡ同盟：同盟事業報告・自大正9年至大正11年6月

25）厚生省体力局編：武道場及体育館、体力向上施設参考資料第5輯、p.60、1939.7

〈参考文献〉

① 木本茂三郎：ＹＭＣＡ史ノート、ＹＭＣＡ出版、1983

② 山本邦之助：南十字を望美て、新教材社、1949

③ 星野達雄：ＹＭＣＡ人間抄収（16）体育指導半世紀の柳田亨、別冊東京青年、No.174 東京キリスト教青年会、1984.5

④ W.M.Vories & Company Architect：Their Work in Japan 1908〜1936、城南書院、1937

⑤ 今村嘉雄：日本体育史、不昧堂出版、1970

⑥ 岸野雄三ほか：近代体育スポーツ年表、大修館、1973

⑦ 今村嘉雄・岸野雄三：図説世界体育史、新思潮社、1964

⑧ 小田切毅一：アメリカにおける先駆的スポーツ教育、体育・スポーツ人物思想史所収、不昧堂出版、1979

⑨ 石川悦子：近代女性体育論の提唱者、近代日本女性体育史所収、日本体育社、1981

⑩ 日本体育学会体育史専門分科会編：日本スポーツ百年の歩み、ベースボール・マガジ

　ン社、1967

⑪江橋慎四郎：現代レクリェーション百科、ぎょうせい、1977

⑫教育史編纂会：明治以降教育制度発達史、教育資料研究社、1938

⑬文部省編：学制百年史、帝国地方行政学会、1972

⑭青木正夫：建築計画学8「学校Ⅰ」、丸善、1976

⑮栗山幸三編：体育施設全書第2巻「学校体育施設」、第一法規、1970

⑯菅野誠・佐藤譲：日本の学校建築、文教ニュース社、1983

⑰上和田茂：我国最初の総合体育館・東京ＹＭＣＡ旧体育館に関する史的考察、社会用
　体育館に関する建築計画史的研究その2、日本建築学会計画系論文集　第465号、
　pp.77-84、1984

〈図および写真の出典・出所〉

写真4-1 東京ＹＭＣＡ所蔵の写真から作成

図4-1-a 前掲注記13）②から作成

図4-1-b 前掲注記13）②から作成

図4-2 前掲注記13）①から作成

図4-3 筆者作成

写真4-2 東京ＹＭＣＡ所蔵の写真から作成

図4-4 東京ＹＭＣＡ所蔵の図面から作成

図4-5 筆者作成

写真4-3 前掲注記16）から作成

図4-6 デートン市所蔵の図面から作成

5．日本に影響を与えた米国ＹＭＣＡの体育館

（1）米国ＹＭＣＡ体育館の変遷

　大正6年（1917年）10月、東京神田美土代町に開設された東京ＹＭＣＡ体育館は、多種の体育空間を擁し、近代的な体育設備を備えたわが国における本格的な体育館の草分けであった。その施設構成は当時の米国各地におけるＹＭＣＡに流行していた付属体育館に酷似しており、それらをモデルとして設計されたことは間違いない。その設計者であるヴォーリズが設計の直前に帰米しており、当時の先進的な体育館を参考にしたことがうかがわれる。

　そのようにモデルとされた米国各地のＹＭＣＡの付属体育館も、最初に出現した後、その形態を少しずつ変化させていった。以下にその変遷過程とその要因について明らかにする。

（2）米国ＹＭＣＡにおける初期の付属体育館

　1851年、ボストンに米国で最初のＹＭＣＡが設立されたが、付属体育館（以下、体育館という）は、1860年、サンフランシスコＹＭＣＡに設置されたものを嚆矢とする。その後、1869年、米国で2番目の体育館がニューヨークＹＭＣＡの23rdストリートブランチに、続く1874年、3番目の体育館がボストンＹＭＣＡに設置された[1]。

　この時期の体育館はバスケットボールが発明される1891年より以前に建設されたもので、主として徒手体操、器械体操等など、球技以外のスポーツが行われていた。規模は狭く、天井高は低く、体育館というよ

写真5-1　ニューヨーク23rd YMCA体育館

り雨天体操場のような呈をなすものであった。YMCA本館の地下室の一角を利用して配置されるものも少なくなく、健康増進向けの施設でありながら、換気に難のある空間に対して識者から厳しい指摘を受けることもあった[2]。

　また、大空間の構造技術が未熟であるため、体育室内に天井を支える数か所の柱が立ち、活動の妨げになっていた（**写真5-1**）。

（3）ランニングトラックの登場

　1880年代に入り、YMCAにおける体育活動の進展に伴い体育館の規模の大型化が進むと、従来の地下室タイプの体育館は激減し、本館とは区分されたアネックス（別館）タイプのものが一般化するに至った[3]。

　このアネックスタイプの普及は室規模の増大と同時に高い天井高をもたらした。そして、このことが、当時健康維持のために流行していたランニングを室内で行えるよう、体育館の上部を周回するランニングト

図5-1　シカゴＹＭＣＡ体育館

ラックを登場させ、それが急速に普及していった。

　1870年代にはこのような体育室上部周回型ランニングトラックはな
かった。1874年に建設されたシカゴＹＭＣＡのように、運動フロアの
端部を周回するランニングトラックが設けられていたものもあったが、
どの程度普及していたかは不明である（**図5-1**）。

　体育室上部周回型のランニングトラックが米国ＹＭＣＡにおいて最初
に登場したのは、1883年、ボストンＹＭＣＡにおいてであった。この
ランニングトラックは、当時、コーチをしていたロバーツの発案により
設けられたといわれている[4]。ただし、その形状は、四隅のコーナー部
分が曲線状ではなく、走行に不利な直角状につくられており、ランニン
グトラックというより見学者用のギャラリー向けに設置されたとも考え
られる（**図5-2**）。

　しかし、その後に登場したランニングトラックはほぼ例外なく曲線状
の形状をなしており、このタイプのランニングトラックが普及していっ
たことが認められる（**図5-3**）。

図5-2　ボストンYMCA体育館

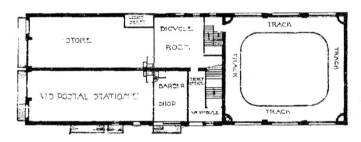

図5-3　バッファローYMCA体育館

（4）ビジターズギャラリーの設置

　ランニングトラックが普及するのに伴い、見学者用のビジターズギャ
ラリーの設置も進んだ。この時期以前にも、運動フロアと同一平面に見
学コーナーが設けられる事例もみられるが **（図5-4）**、本格的にギャラ
リーが設けられるようになったのはランニングトラックが定着するよう
になってからのことであり、ランニングトラックとギャラリーはほぼ一

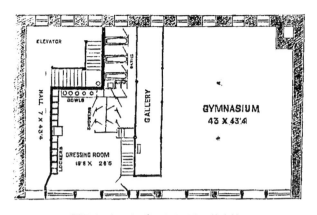

図5-4　セントポールＹＭＣＡ体育館

対の設備として定型化していくこととなった。

　このギャラリーには、ランニングトラックとの位置関係により諸タイプが認められる。最も多かったのはランニングトラックに接して階段状に設えられたものである。それも、ランニングトラックの短辺側、長辺側、コーナー側に設けられるものの３タイプに分かれる（図5-5～7）。

　また、ランニングトラックの上部に覆いかぶさるように設置されたものもみられる。トラックの横に設置すると見学者のフロアへの視線がトラックに遮られることを避けるために上部に持ち上げたものと推測される（図5-8～10）。これ以後、米国ＹＭＣＡの体育館は、ランニングトラックのみのものとビジターズギャラリーが付置されるものとが主流となって普及していくこととなった。

図5-8　デトロイトＹＭＣＡ体育館

64

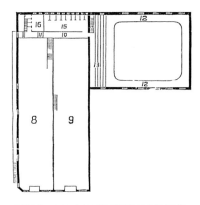

図5-5　セントヨゼフYMCA体育館

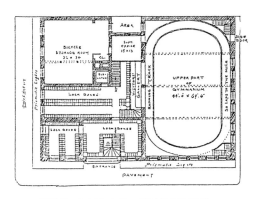

図5-6　シンシナティYMCA体育館

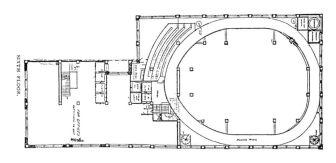

図5-7　シカゴYMCA体育館

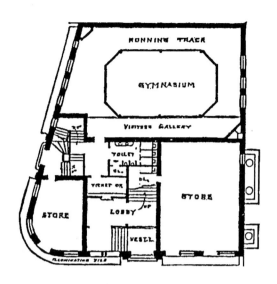

図5-9　デトロイトYMCA体育館

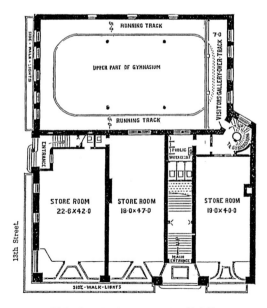

図5-10　リンカーンYMCA体育館

（5）バスケットボールの発明と普及

　1891年、マサチューセッツ州スプリングフィールドのＹＭＣＡ国際トレーニングセンター（現スプリングフィールド大学）において、体育教官であったネイスミス博士によってバスケットボールが発明された。ランニングトラックに取り付けた桃の収穫用の籠をゴールとしてサッカーボールをシュートするゲームであり、ランニングトラックあってこその新ゲームの発明であったといえよう[5]。

　発明直後から人気を呼び、瞬く間にＹＭＣＡを代表するスポーツアイテムとなった。また、ＹＭＣＡ以外にも、アスレチッククラブ、高校、大学へも広がっていった。

（6）ダブルギャラリー／スペクターズギャラリーの登場

　1900年代に入ると、バスケットボールはさらに盛んになり、1897年にスプリングフィールド近隣のホリヨークＹＭＣＡにおいて発明されたバレーボールと共に、さまざまなチーム同士のゲームや試合が盛んに行われるようになったが、その熱狂ぶりが諸文献に紹介されている[6][7][8]。

　このような状況を背景として、ランニングトラックとギャラリーに大きな変化が現れた。すなわち、試合のたびに押し寄せる大勢の観客を収容するにはそれまでのような見学者用のビジターズギャラリーでは限界があり、それに代わり専用の広い観覧席を設けることが必要となった。

　しかも、その観覧席は観戦がしやすいようにできるだけフロアに近い位置に配置すべきとの理由から、従来のランニングトラックの位置に専用のギャラリー（観覧席）が配置され、その上部に、必ずしもフロアに近接しておく必要がないランニングトラックが配置される事例が登場した。ギャラリーとランニングトラックによる二段構えの構成であったことから、それはダブルギャラリーと呼ばれた[9]。そのギャラリー（観覧席）はランニング用ではないことから、そのコーナー部分（四隅）を必

ずしも曲線状にする必要がなく、直角状の形態を採用するものも現れた。

　また、呼称もビジターズギャラリーではなくスペクターズギャラリー（観客席または観覧席）とするものもみられた**（写真5-2,3）**。

　なお、スペクターズギャラリーを下部に配置した背景には、上記のような観戦のしやすさに加えて、観客席までの入場動線の短縮化および災害発生時における観客の避難の効率性に配慮したことが認められる[9]。

写真5-2　デトロイトＹＭＣＡ体育館

写真5-3　トロントＹＭＣＡ体育館

（7）変則ダブルギャラリーの登場

　ダブルギャラリー形式はゲームの観戦には好都合ではあるものの、二段式のギャラリーは室内への自然採光の妨げになる。この問題を解消するため、1910年代の半ばになると、周回型のギャラリーを避け、下段の一面の壁のみにギャラリーを残し、他の方向から外光を得やすくする変則ダブルギャラリー形式が登場した。先述のように、1800年代にはランニングトラックの上部にオーバーハングするように設置されたビジターズギャラリーが存在していたが、1910年代の変則ダブルギャラリーは、下部にギャラリー、上部にランニングトラックと、上下反転した形状を成している（**写真5-4、図5-11**）。

写真5-4　デスモイネスＹＭＣＡ体育館

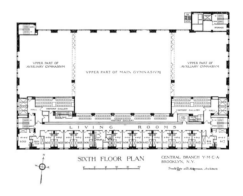

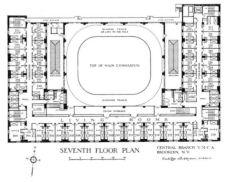

図5-11　ブルックリンＹＭＣＡ体育館

（8）日本のＹＭＣＡ付属体育館への影響

　試行錯誤の末にダブルギャラリーや変則ダブルギャラリー形式が現れたが、この形式がその後の米国各地のＹＭＣＡにおける体育館の主流になることはなく、ランニングトラックのみの形式か、ささやかな見学ギャラリーが付置されたものに収斂していった（**図5-12**）。

　その理由として、時代が進むのに伴い大規模な試合には主として規模が大きい大学や公的な施設が受け皿になるようになり、ＹＭＣＡは練習本位の施設としての性格にとどまるようになったことが考えられる。

　1917年に完成した東京ＹＭＣＡにおいて、ダブルギャラリー形式ではなく、ランニングトラックのみの形式が採用された背景には、このような当時の米国における事情があったと推測される。

　3章で述べたように、東京ＹＭＣＡ以後、日本のＹＭＣＡ体育館においてランニングトラックは採用されず、観客席としてのギャラリーが定着したが、ダブルギャラリー形式が検討されていれば、ランニングトラックを持つ体育館が登場したことも想定される。引いては戦後、公共体育館のランニングトラックが早い時期に出現した可能性も否定できない。

　なお、上記に、米国のＹＭＣＡではダブルギャラリー形式は普及しなかったと述べたが、1930年にスポーツメーカーが著した体育館建設の手引書「GYMNASIUM CONSTRUCTION」[10] には、ダブルギャラリー形式が図解入りで紹介されており、一定のニーズがあったことが推

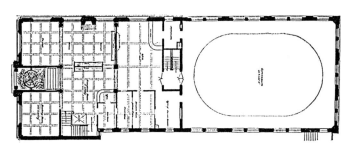

図5-12　ランシングＹＭＣＡ体育館

〈注記および引用〉

1) Chronology of Gymnastic Events, The Gymnasium Director's Pocket Book, compiled by W.L.Coop, Narragansett Machine Co. p.34, 1921

2) A.H.Howard : WHERE SHALL THE GYMNASIUM BE LOCATED?, The Watchman, 1886.6.1

3) A HAND OF THE HISTORY, ORGANIZATION AND METHODS OF WORK, EDITED BY H.S.NINDE, J.T.BROWNE AND ERSKINE UHL, THE INTERNATIONAL COMMITTEE OF YOUNG MEN'S CHRISTIAN ASSOCIATION, p.311, 1892

4) Elmer L.Johnson : A HISTORY OF PHYSICAL EDUCATION IN THE Y.M.C.A., A History of Physical Education & sport in the United States and Canada, compiled by Earle F.Zergler, p.295, 1954

5) J.ネイスミス著 : 水谷豊訳、バスケットボール、その起源と発展、日本 YMCA 同盟、pp.55 ～ 84、1980.2

6) 前掲5), p.156

7) HISTORY OF BASKETBALL, ENCYCLOPEDIA OF BASKETBALL, compiled and edited by William G. Mokray, THE RONALD PRESS COMPANY. P.6, 1963

8) C.Howard Hopkins : HISTORY of Y.M.C.A in North America, North Bord of Young Men's Christian Association, p.261, 1951

9) George L.Meylan, James H.Mccurdy, R.T.McKenzie, Louis E.Jallade : Physical Education Building Part1, p.13, 1923

10) GYMNASIUM CONSTRUCTION, NARRAGANSETT MACHINE COMPANY, P.25,1930

〈図および写真の出典・出所〉

写真5-1 THE WATCHMAN 1876年10月号から作成
図5-1 THE WATCHMAN 1886年2月号から作成
図5-2 Book of Young Men's Christian Association Building published by THE YOUNG MEN'S ERA, 1895 から作成
図5-3 THE WATCHMAN 1882年10月号から作成
図5-4 THE WATCHMAN 1885年3月号から作成
図5-5 THE WATCHMAN 1886年7月号から作成
図5-6 YOUNG MEN'S ERA 1890年5月号から作成
図5-7 YOUNG MEN'S ERA 1892年9月号から作成
図5-8 YOUNG MEN'S ERA 1892年10月号から作成
図5-9 THE WATCHMAN 1887年5月号から作成
図5-10 THE WATCHMAN 1889年4月号から作成
写真5-2 ASSOCIATION MEN 1904年4月号から作成
写真5-3 ASSOCIATION MEN 1916年5月号から作成
写真5-4 ASSOCIATION MEN 1913年1月号から作成
図5-11 New York YMCA 作成のパンフレット（1915年制作）から作成
図5-12 ASSOCIATION MEN 1906年6月号から作成

6. 戦後における公共体育館の変遷

(1)「みる」と「する」との競合の歴史

　戦後における公共体育館の変遷は、端的に言えばスポーツを「みる」と「する」との競合の歴史であった。すなわち、選ばれた一握りの選手が競技を行い観客がそれをみて楽しむための競技施設としての性格に重きをおくか、一般市民自らがレクレーションとしてのスポーツを行って楽しむ市民スポーツ施設としての性格に重きをおくか、その両視点の対立と選択あるいは調整によって、それぞれの時代の体育館の在り方が形成されてきた。

　これを建築の領域からみると、「みる」の重視は、大群衆が一堂に会し選手と観客が一体となってゲームに熱狂する場をいかにして感動的な大空間として構築するかという魅力的なテーマを提供することになり、戦後に目覚ましく発展した数々の構造技術に支えられて、建築家の創作意欲とロマンをかきたてるものとなった。

　一方、「する」への着目は、老若男女を問わず、より多くの市民に親しまれ、いつでも気軽に利用できるスポーツの場を提供するために、多様なスポーツ空間の整備、利用者同士のふれあいの場やコミュニケーションの場の充実、さらには市民本位・利用者本位の管理運営に目を向けさせることになった。

　戦後の各時期における公共体育館は、このようなスタンスのいずれを重視するかにより、それぞれ特徴的な建築形態および空間要素を生み出すこととなった。

（2）昭和20年代／終戦後の模索

　戦後における公共体育館の建設は昭和25年（1950年）頃より徐々に
スタートし、昭和30年（1955年）までの間に約30施設が出現した。そ
の中には昭和21年（1946年）に始まった国民体育大会の開催会場とし
て整備されたものも少なくなく、そのほとんどが競技会や大会の開催を
主目的として建設されたものであった。構造技術の側面では初期の頃は
飛行機の格納庫にみられるようなアーチ式のトラスが多用された。

　空間構成においてはこれといった定形があったわけではないが、競技
フロア、観客席、器具庫および更衣室等の付属諸室から成る構成はいず
れの体育館も同じであった。

　観客席の形態は、その後に定形化した4面のうち3面に客席を配置す
るコの字型配置のものだけではなく、1面型や2面型などもみられ多彩
であった。また、2階型観客席（以下、高床式という）ばかりではなく、
競技フロアの高さから立ち上がる形式のもの（以下、低床式という）も
少なからずみられた。

　さらに、ほぼスポーツ専用のためステージを持たないものと、集会等
の他用途との兼用や多目的利用を前提にして大型のステージを持つもの
とが併存していた。

　このように、この時期
の体育館には形態的に見
てこれといった定まった
傾向はみられることはな
く、さまざまな形態が併
存する試行錯誤の時期で
あったと言える（**図6-1、
図6-2**）。

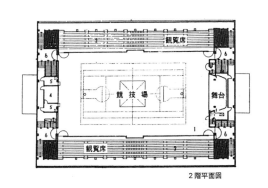

2階平面図

図6-1　仙台レジャーセンター（昭和21年、設計：武基雄）

73

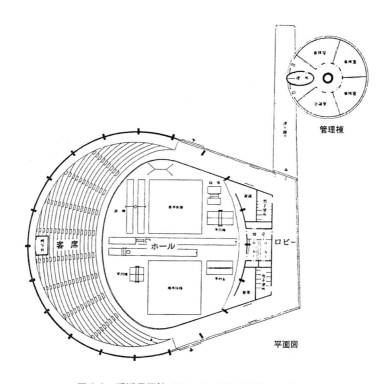

管理棟

平面図

図6-2　愛媛県民館（昭和29年、設計：丹下健三ほか）

（3）昭和30年代／多目的大空間としての体育館

　昭和20年代末より公共体育館の建設が一層進展し、30年代には約200
施設あまりの施設が建設された。この年代の半ばに高度経済成長が始ま
り、経済的に豊かになり始めたことに呼応した現象であったが、昭和
34年（1959年）にスタートした社会体育施設整備の補助制度、昭和36
年（1961年）に制定されたスポーツ振興法等、政府による施策と支援
によるところが大であった。

　この時期の公共体育館は、それぞれの地方都市には他に多人数を収容
できる大規模なホール施設がなかったことから、スポーツ用途のほか、
集会、講演、演劇、音楽会等の催し事にも利用できる多目的体育館とし

74

て整備されることが一般的であった。施設名称にわざわざ「○○文化体育館」と銘打ったもの（例えば横浜文化体育館、若松文化体育館）もあったほどで、スポーツ用途を含む多目的性が強く求められていたことがうかがわれる。

　これに伴い、スポーツ用途には必ずしも必要ではない大規模なステージが競技フロアの1面に設けられ、残りの3面をコの字型の観客席が取り巻くような形式が大勢を占めることになった（**図6-3**）。また、観客席数は飛躍的に増大し、2,000～3,000席といった大規模なものが、特に都道府県立の施設を中心に出現した。その観客席はほぼ例外なく2階に置かれ、その下に器具庫や更衣室等の付属諸室が配置されるものが大勢を占めるようになったが、その背景の一つに、観客席の増大に伴う面積増に対抗する節約指向があったことがうかがわれる。

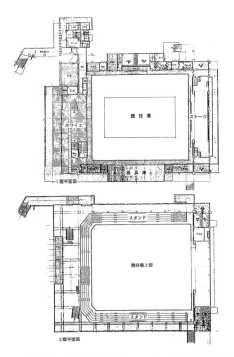

図6-3　徳山体育館（昭和33年、設計：徳山市建設課）

このようにして、この時期にわが国における公共体育館の定形が出来上がり、その後この定形が国民体育大会の開催を契機として各地に普及していくことになった。今日、いずれの公共体育館も代わり映えしないと一般の人が感じる内部空間のイメージはこの時期に形成されたといっても過言ではない。

　一方、構造技術の側面では、これまでにはないさまざまな試みが次々と展開された。コンクリート・シェル、立体トラス、サスペンション構

駒沢公演体育館

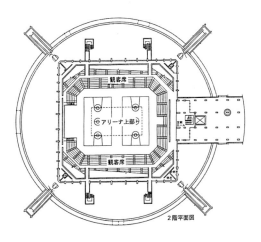

図6-4　駒沢公園体育館（昭和39年、設計：芦原義信建築研究所）

造（吊構造）をはじめ多種多彩な構造方式が開発され、体育館の建設現場はさながら先端構造技術の見本市かのような状態を呈した。そして大群衆が一堂に会し、一大イベントを開催することを記念するかのようなモニュメンタルな造形を大胆な構造技術の支えによって出現させていった。このような状況は、昭和39年（1964年）の東京オリンピックの会場整備において頂点に達し、さらにその後も10年ほどの間、都道府県立の大規模体育館を中心に続くことになった（図6-4、図6-5）。

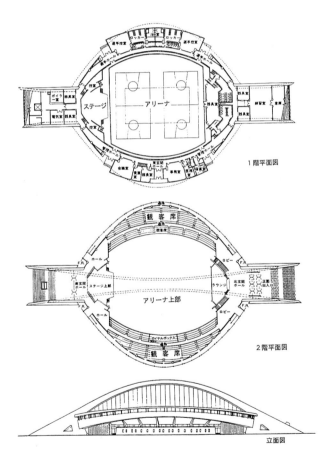

図6-5 岩手県営総合体育館（昭和42年、設計：日大小林研究室）

（4）昭和40年代／市民体育館の台頭

1）屋内スポーツ施設への関心

　東京オリンピックにより世界の一流スポーツを目の当たりにし、大きな刺激を受けた日本国民のスポーツ熱はそれ以後一気に上昇し、これまで「みる」立場に置かれていた国民は、立場を変えてスポーツを「する」側に回ることになった。国民スポーツ、市民スポーツの胎動であった。

　政府は、経済成長を背景とした国民生活の豊かさを追求する一環として、さらなるスポーツ熱の高揚を図るべく矢継ぎ早にさまざまな振興策を立案した。「国民の健康・体力増強対策について（昭和39年）」の閣議決定、これを受けた「体力つくり国民会議（昭和40年）」の結成、さらに「体育の日（昭和41年）」の制定等がそれであった。

　このような情勢の中、公共体育館の整備にも弾みがつき、この時期に実に約2,400館が新設された。日紡貝塚の選手を主要メンバーとし、東洋の魔女と謳われた女子バレーボールチームが東京オリンピックで優勝したことにより国民によるバレーボール熱が一気に高まり、と同時に、それまでは屋外スポーツと見なされていたバレーボールの屋内スポーツ化への機運が強まったことがその背景にある。

2）競技施設づくりから市民スポーツ施設づくりへの転換

　以上のような状況を背景として、昭和40年代、さらに50年代の初頭にかけての10年余りの間は、日本の公共体育館が質的にも最も劇的に変化した時期でもあった。競技施設づくりから市民スポーツ施設づくりへの転換あるいは転換への胎動であり、言い換えればスポーツを「みる」から「する」への転換であったと言えよう。以下の諸事象は、その具体的な実態である。

①　スポーツ専用化とステージの非必須化

　この頃になると、各自治体に文化ホールや市民会館・県民会館といっ

た大規模集会施設が整備されるようになったことから、体育館はスポーツ専用施設としての性格を強めることになった。これに伴い、ステージは全く設けられないか、飾り程度のものに縮小される傾向にあった。

②　「みる」ことの軽視と観客席の縮小化

競技を「みる」ことよりも「する」ことに重点が置かれることになった結果、アリーナ内の大規模な観客席は無用の長物として批判の対象となり、観客席不要論さえ唱えられることになった。このような風潮の下、観客席数は大幅に縮小されることになり、500席程度以下にとどまるものが標準化していった。このため、それまでのようにコの字型あるいはロの字型の配置をとることが困難となり、代わって1面型あるいは2面型が多用されることになった。呼び名もあえて「観客席」とせず、「選手控席」としたものも少なくなかった。

③　個人スポーツの重視と施設の複合化

スポーツを「する」ことへの関心が高まるのに呼応して、バレーボールやバスケットボールのような集団的スポーツだけでなく、個人や少人数で気軽に行えるスポーツが盛んになり始めた。これに伴い、アリーナのほかに、サブアリーナ、卓球場、トレーニングルーム、多目的運動室、ランニングコースなど、個人でも利用可能なスポーツ空間を併設する体育館が大幅に増加した。また、柔道、剣道、弓道用の武道場の併設も進展した。このような多種のスポーツ室の併存による施設の複合化は、特に東京都内の区立体育館をはじめ大都市部で進行し、屋内プールを付置する体育館も登場した。

④　構造主義との決別と建築形態の没個性化

以上のように、施設の中身の充実に熱い視線が注がれるようになったことに伴い、建物の外観におけるシンボル性や内部空間の壮大さの演出への指向が徐々に影を潜め、建築形態上の個性を過度に追求する傾向が

希薄化することになった。この傾向は、昭和60年代のバブル期を迎え、各種のイベントの開催向けに大規模アリーナを有する体育館の建造ブームが到来するまで続いた。

3）都市型市民体育館の典型／港区スポーツセンター

　この期の公共体育館は以上のような特徴を有するものであったが、以下に紹介する東京都港区スポーツセンター（**図6-6**）は、市民化、多様化、複合化および重層化（高層化）を実現した体育館であり、その種の施設の先行例であると同時に、続く50年代に普及するその種の体育館のモデル的な位置を占めるほど完成度の高い施設である。以下に示す設計者による設計コンセプトの説明に、そのことが明瞭に示されている。少し長文であるが引用しておく。

「都市化の進んだ港区の市街地に、地域住民と在勤者を対象として、老若男女を問わず、幼児から老人に至るまで、いつでも気軽に利用することができるスポーツコミュニティセンターとして、魅力的な施設とすることが建設のテーマであった。

　建物の内容をG棟（Gym）、C棟（Center）、P棟（Pool）に分けて互いに関連づけを行いながら形態を統一し、3つの白いボックスにまとめた。

　G棟は、競技大会を中心に利用できる運動施設として計画され、対象種目としてバレーボール、バスケットボール、バドミントン、卓球、ダンスに使用できる。2階には、観覧席と一周できるランニングコースが設けてある。

　C棟は、個人参加を前提とした施設から成っている。この棟はスポーツセンターの中心的存在であり、ここでは、①スポーツを楽しむこと、②トレーニング、③スポーツ相談、④クラブ育成と憩いの場、⑤リーダーの講習・研修、⑥情報・管理の機能を持ち、第2競技場、第3競技場、トレーニングルーム、第1武道場、第2武道場、第3武道場、管理事務室、会議室、談話、軽食コーナー等から成っている。

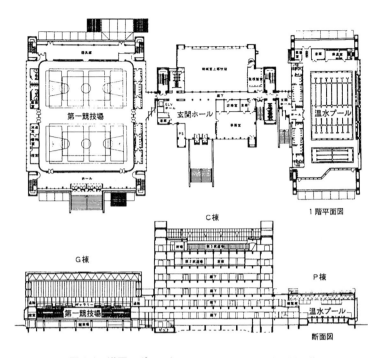

第一競技場

玄関ホール

温水プール

1階平面図

C棟

G棟

P棟

第一競技場

温水プール

断面図

図6-6　港区スポーツセンター（昭和49年、設計：日新設計）
（2015年解体、隣接地へ移転）

　P棟は、室内温水プールで公認の大プールと子供用の小プールを設けた。また、屋上には子供のための遊び場としてローラースケート場を設け、立体的に空間利用を図っている。」

（5）昭和50年代／コミュニティ化の萌芽

1）地域体育館によるネットワーク化

　昭和47年（1972年）に、保健体育審議会より「体育・スポーツの普及振興に関する基本政策について」なる答申（通称：保体審答申）があり、その中で生涯スポーツを促進する観点から、日常生活圏における体育・スポーツ施設整備の推進が強く謳われた。

　当時は、経済活動の進展とは裏腹に運動不足からくる国民の健康と体

力の低下とそれに対する不安の声が高まっていた。また一方では、労働時間の短縮に伴い増加する余暇時間をいかに過ごすかといった課題が社会問題となっていた。さらに、都市化の進展に伴い崩壊しつつあったコミュニティの回復の一手段として地域スポーツの意義が叫ばれていた。

保体審答申はそのような背景の下に発せられたものであり、各自治体では独自の施設配置基準の設定を急ぎ、地域体育館をはじめとする日常生活圏域における体育・スポーツ施設の整備に力を注ぐことになった。

しかし、現実には財政上の理由から専用スポーツ施設の整備には困難が伴い、多くの自治体では全国津々浦々に存在する小中学校の校庭や体育館を地域住民に開放するなど緊急避難的な方策により対応せざるを得なかった。今日、学校体育施設の市民や地域住民への開放は当たり前のような現象となっているが、この時期に苦肉の策として登場したのであった。

このような困難な状況の中でも、スポーツ振興に強い関心を持つ幾つかの自治体は体育館をはじめとする専用地域スポーツ施設の整備に力を注いだ。札幌、横浜、名古屋、広島、福岡等の政令指定都市である。行政区ごとに体育館を配置し、全市施設である中央体育館を軸に地域体育館によるネットワークを形成し、スポーツのコミュニティ化を促進した。

また、この頃、民間のアスレチッククラブが登場し、公共のスポーツ施設を補う役割を果たすようになった。

2）市民体育館の定着

この時期、地域体育館の整備が先進都市において進展する一方、その他の多くの自治体では全市民を対象とする中央体育館の整備に努めた。その多くに「○○市民体育館」と、一般市民の利用をことさら強調するかのような名称が与えられた。そして、その外観も、前期にはいまだ残っていたようなモニュメンタルでダイナミックな造形は影を潜め、代わって箱型のシンプルな形態が一般的なものとなった。このような市民体育館を特徴づける要素として以下のような諸点を挙げることができる。

① 施設の重層化（高層化）の進展

　既に前期に始まっていたことではあるが、この時期に施設の重層化がより一層進展した。体育館の市街地への進出に伴い、限られた土地の有効利用が求められ、それまでのような平屋建てではなく、各スポーツ室を縦に積む重層的な構成を持つ体育館が多数を占めるようになった。

　この場合、小さなスポーツ室を下階に配置し、最上階にアリーナを配置するといった徹底して重層化されたタイプのもの（**図6-7**）と、アリ

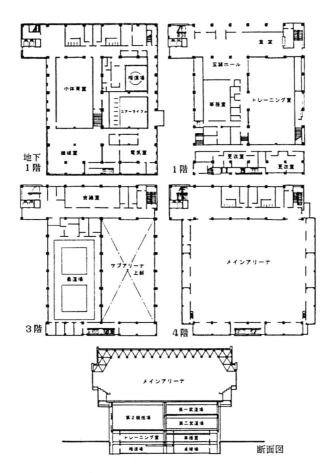

図6-7　台東リバーサイドスポーツセンター（昭和58年、設計：山下設計）

リーナを別棟とし、他の中小のスポーツ室群を数階建てのブロックにまとめ、両者のブロックを横に繋ぐ分棟タイプ（**図6-8**）の2タイプに大別される。このような重層化された体育館が大都市から徐々に地方都市に広がっていった。

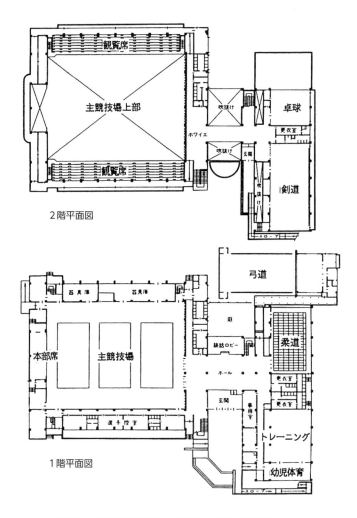

図6-8　今治市営体育館（昭和53年、設計：浪速設計）

一方、「のびのびと快い空間で運動してこそ、気分も開放されレクリエーションと言えるだろう」とする考え方も根強くあり、敷地に余裕がある場合には、各スポーツ室を水平に展開したのびやかなプランもみられた (**図6-9**)。

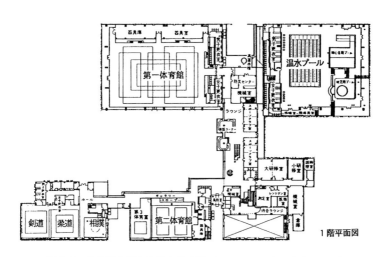

1階平面図

図6-9　東京都立夢の島総合体育館 (昭和51年、設計：坂倉建築研究所)

②　トレーニングルームの定着

　トレーニングルームは既に前期においても出現していたが、前期のものが選手養成用としての性格が強かったのに対し、この期のものはまさに市民が体力づくりのため気軽にかつ個人的に利用できるスポーツ室として造られるようになった。これに伴いインストラクターや指導員の配置も進んだ。

③　多目的ダンススタジオの登場

　女性のスポーツが盛んになるのに伴い、エアロビクスを始めとする各種のダンスがブームとなり、それに伴い姿見用の大きな鏡を備えたスタ

ジオが設置されるようになった。主用途はダンスではあったが、その他の活動を含めて多目的に利用された。

④　ランニングコースの普及

　昭和40年代末からの個人スポーツの進展およびジョギングブームに呼応して体育館内にランニングコースが設置されるようになった。いずれもアリーナの観客席背部の通路を活用して設置された。初期のものは観客席配置が優先され、コーナーは直角のままであり走りづらいものであったが、徐々にカーブを成すものに改善されていった（図6-10）。

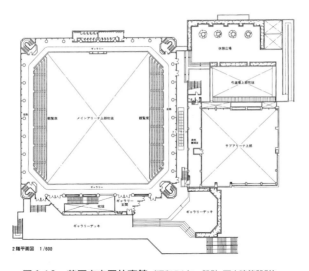

図6-10　茂原市市民体育館（昭和56年、設計：石本建築設計）

⑤　アフタースポーツ空間の充実

　スポーツの楽しみはスポーツを行うことにとどまらず、活動の途中や活動後の語らいすなわちアフタースポーツにあることが認められるようになり、談話ホール・コーナーなどコミュニケーション空間のより一層の充実化が図られた。喫茶スペースや軽レストランも登場した。

⑥ 幼児体育室の設置

　幼児体育室の先行事例は昭和40年代に遡るが、本格的に普及し始めたのは女性スポーツが盛んになるのに伴い幼児を同伴してくるママさんが急増する50年代である。初期のものは同伴した幼児を母親が交代で見守る託児室的な機能に重きがおかれていたが、その後は幼児に積極的に運動の場を提供するプレイルーム的な性格に変化していった。これに伴い多種の遊具が配置されるようになり、室名称も幼児室といった利用対象者を表徴するものから、幼児体育室や幼児プレイルームなど活動内容を反映したものに変化した。

⑦ 低床式観客席の再登場

　アリーナの観客席といえば、この頃までには高床式（2階型観客席）が定番となっていたが、関西圏を中心に低床式（1階型観客席）も少なからずみられるようになった。2階型観客席の下部に器具庫等の諸室を配置できなくなる不利を覚悟であえて低床式を採用したのには確たる理由があった。それは競技者や選手と観客との距離を縮め臨場感や一体感を醸し出すのに効果的であり、また来館者によるカジュアルな観覧や見学に好都合である点である。

　このような指向が生まれたのは、その背景として、スポーツを「する」と「みる」との関係が、一部の選手と一般観客といったよそよそしい関係ではなく、「する」者も「みる」者も同じ市民で、共にプレーを楽しむといった新しい段階に入ったことを暗示している。そこに、「する」と「みる」との関係がある意味で止揚された状況を認めることができる。

⑧ オープン化の芽生え

　市民のための施設としての性格が強まっていくのに伴い、より親しみのある体育館にすべく、アリーナや運動室周りの壁を取り払い開放的な空間デザインを指向するものが見られるようになった。本格的なものは

次期を待たなければならなかったが、既にこの時期の体育館にもその萌芽が認められる（**図6-11、図6-12**）。

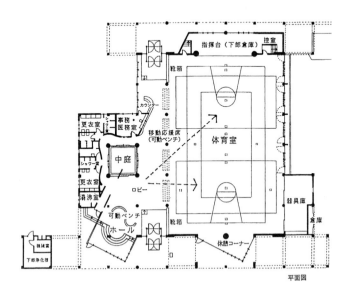

図6-11　石原なちこ記念体育館（昭和55年、設計：長島孝一＋KAUR）

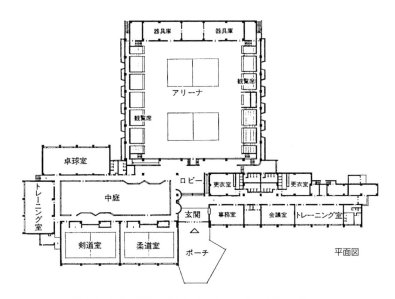

図6-12　佐野市民体育館（昭和55年、設計：石本建築設計）

（6）昭和60年代／多様化の時代

　余暇時間の増大あるいは経済成長一辺倒への反省から生じた生活意識の変化に伴い、昭和60年代にはより一層スポーツが市民に身近なものとなった。同時に、スポーツ活動への市民の参加形態は、「みる」と「する」の境界すら不分明になるくらい多様な状況が生まれ、施設整備の面でも新たな試行錯誤が展開された。以下に、その幾つかの特徴を示す。

1）コミュニケーション施設への指向とオープン化

　この時期になると、閉鎖的でカビ臭い施設から脱却すべく、意図的に空間構成のオープン化を目指す体育館が一つの潮流を成すようになった。

　これにより一般市民が気軽に立ち寄り、カジュアル・ビューイング（軽便な観覧設備）を通してスポーツの醍醐味にふれることを可能にした。

　また、競技者においても、異なる競技種目あるいは異なるグループの活動を目の当たりにすることで、自らの活動に刺激を受ける機会が増え、それに伴いグループ間の交流が始まるきっかけともなる。

　このように、ロビーや通路等から運動室への視覚的な開放性を確保することにより。体育館は、スポーツを行う場としての性格に止まらず、スポーツを媒介として人と人がふれあうコミュニケーション施設としての性格を増大させるようになった（図6-13）。

　なお、オープン化およびオープンアリーナの詳細については第2部を参照いただきたい。

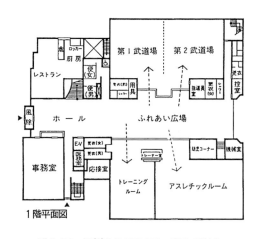

図6-13　深川ＳＣ（昭和63年、設計：創造社）

2）みせるスポーツの進展とイベント施設化

　この時期、みせるスポーツ、プロスポーツがより一層盛んになった。これは市民スポーツにおける高度化の原因でもあり結果でもある。自らの競技レベルが向上すれば、その手本となり規範となる一流スポーツへの期待も高まるからである。メディアの発達により、世界中のトッププロのプレイを居ながらにして楽しむことが可能になったことも大きい。

　このような状況を反映して、この時期5,000人を超える多人数の観客を収容できる大規模体育館が各地に建設された。中には、体育館の範疇を超えて多目的なイベント施設として計画されるものも少なくなかった。昭和30年代、40年代の公共体育館に負わされていた多目的性が、この時期一回り規模を拡大して再登場したかのようであった（**図6-14**）。

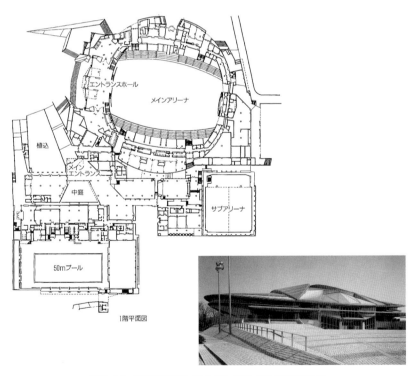

図6-14　東京体育館（平成2年、設計：槇総合計画事務所）

3）大会開催と一般利用との共存および可動観客席の導入

　大会開催と一般利用の両者を想定して体育館の設計を行う際にしばしば悩まされるのは観客席数の設定である。あまり多過ぎては普段は無用の長物化するが、少な過ぎては大規模大会の開催に差し支える。この矛盾を調整する手段として登場したのが可動観客席（ロールバックスタンド）である。一般利用の際はアリーナの壁面に収納しておき、大規模大会開催時に固定観客席が不足する際にアリーナフロアに引き出して使用する。これによりいたずらに固定観客席数が増加することが抑えられた。

4）構造技術の発展と感動的なアリーナ内部空間

　　大規模体育館の登場は、一方で構造技術におけるより一層の発展を促

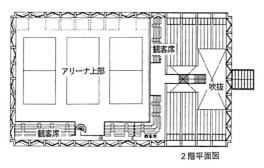

2階平面図

図6-15　北九州市折尾スポーツセンター（平成元年、設計：木島安史ほか）

し、それまでにない大空間を覆う新しい屋根架構の出現に結びついた。それは、かつてのような外観のモニュメンタル性やダイナミック性を誇示することよりも、むしろスポーツの臨場感を演出する感動的な内部空間の実現を可能にした。その代表例が前出の東京体育館であるが、そのほかにもハイテクな技術を駆使して軽やかな内部空間を造り上げた事例が数多く出現した。例えば、膜屋根を使用し人工照明の節約と開放的な内部空間の実現を目指したもの（**図6-15**）、森林資源の保護と連動して間伐材を活用した立体テラスを用いて温かさと優しさが感じられる内部空間を現出させたもの（**図6-16**）、張弦梁により下部構造への負担をかけずに広大な屋根架構を可能にし、かつ内部空間の優雅さを追求したもの（**図6-17**）等である。

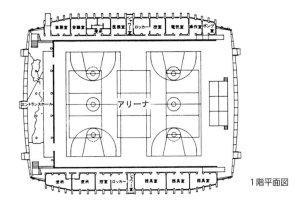

1階平面図

図6-16 熊本県小国町民体育館 （昭和63年、設計：葉デザイン事務所）

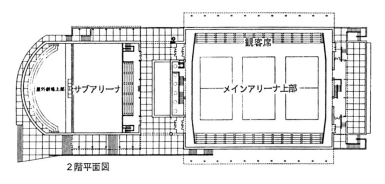

2階平面図

図6-17　酒田市国体記念体育館（平成3年、設計：谷口建築設計研究所）

（7）平成10年代以降／更なる多様な展開

　以上、昭和20年代から60年代までの50年間の公共体育館の変遷をたどった。その後現在までの約20数年間にも様々な変化がみられるものの、前の50年間におけるほどの著しい変化は認められない。ここでは、そのような中でも特徴的と思われる幾つかの事象にふれておく。

1）防災機能の向上
　平成7年（1995年）1月に阪神淡路大震災および平成23年（2011年）

3月に東日本大震災に見舞われた。公共体育館は、それ以前から学校体育館と共に災害時における住民の応急避難場所としての役割を期待され、その耐震性の確保が求められていたが、この両震災を契機としてより一層の耐震性および安全性の確保が要請されることになった。また、避難生活に必要な生活物資の備蓄倉庫や生活必要装置の整備が進められた。

2）オープンアリーナ

昭和60年代における視覚的にオープン化された体育館では、トレーニングなど小規模スポーツ室がオープン化の対象となるケースが多かったが、この時期になるとメインアリーナやサブアリーナなど主要な競技室がオープン化される事例が登場する。大胆なオープン化であることからオープンアリーナとも呼ばれる。なお、オープンアリーナについての詳細は、その典型例である「福岡県粕屋町総合体育館（かすやドーム）」を始め、「第Ⅱ部 オープンアリーナの計画・設計」において取り上げる。

3）複合化

昭和50年代の都市部の体育館において、土地利用の効率化を企図して建物を重層化するものが多くみられたことは先述した。近年、さらに公共施設用地の確保が困難となり、体育館の重層化を超えて、公民館やホールなどの集会施設、図書館、保健施設、高齢者施設、児童センターなど異種の公共施設との複合化を図る事例が数多く登場した（図6-18）。

4）クライミングウォール

わが国最初のインドアクライミングジムが開設されたのが1989年。その後次第に増加し、今日では約500か所を数える。そのほとんどは民間施設であった。東京2020大会の正式種目に採用されたこともあって、近年、公共体育館に設置される事例もみられるようになった。小規模なものはトレーニングルーム内、大規模なものは玄関ホールの吹抜け空間などを利用して設置されている（図6-19）。

わかくさ・プラザ全景。右上は市庁舎

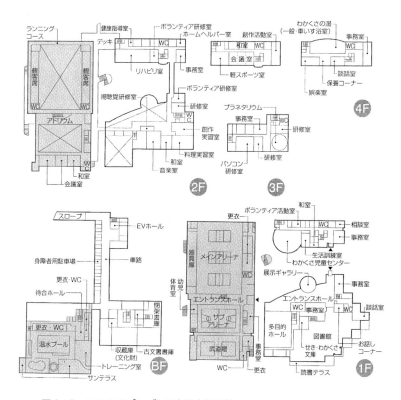

図6-18　わかくさプラザ・関市総合体育館（平成11年、設計：佐藤総合計画）

図6-19　スカイホール豊田（平成22年、設計：松田平田設計ほか）

5）館内回遊型ランニングコース

　ランニングコースはアリーナの2階観客席の背部を周回するよう設置されるものが一般的である。これをアリーナ外に延伸させ、他のスポーツ室の横や吹き抜けのエントランスホールの中空を周回させ、ガラス張りの諸室と一体化し、立体的でアクティビティ感あふれるスポーツ空間を提供するものが登場した（**図6-20**）。

6）環境負荷の低減と木の活用

　二酸化炭素による環境負荷の増大に社会の関心が集まる中、自然との共生を図ると共に低炭素化社会を構築する一環として、内外装に大量の木材を使用することで炭素の吸着を図り、環境負荷の低減を企図する体育館が登場した。

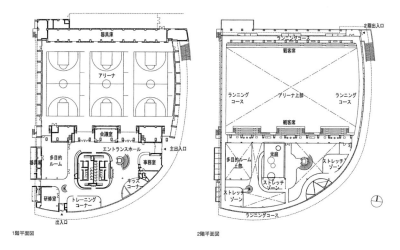

図6-20　新潟市秋葉区総合体育館（平成25年、設計：久米設計）

〈参考文献〉
①岸野雄三ほか：近代体育スポーツ年表、大修館書店、1973
②日本体育施設協会監修：体育施設全書第3巻「体育館」、第一法規出版、1974
③増沢洵：体育施設 スポーツ・レクリェーション施設設計の手引、井上書店、1975
④日本体育施設協会編：公共社会体育施設設備指針・体育館、1978
⑤日本建築家協会編：DA建築図集 体育館、彰国社、1980
⑥建築画報157、「特集 体育・スポーツ施設」、建築画報社、1981
⑦建築思潮研究所編：季刊建築設計資料2、「体育館・スポーツ施設」、建築資料研究社、
　1983

⑧上和田茂：スポーツホールのオープン化とその可能性、日本建築学会計画系論文 報 告 集、第378号、pp.89-97、1987

⑨日本建築学会編：建築設計資料、「大架構の空間 体育館」、彰国社、1989

⑩建築思潮研究所編：建築設計資料25、「スポーツクラブ フィットネススタジオなど健康産業」、建築資料研究社、1989

⑪建築画報240、「特集 スポーツ施設 体育館・武道館・プール・ドーム」、建築画報社、1993

⑫建築思潮研究所編：建築設計資料41、「体育館・武道館・屋内プール」、建築資料研究社、1993

⑬Ｓ・Ｄ・Ｓ編集委員会編：スペース・デザインシリーズ第八巻、「大空間」、新日本法規、1994

⑭上和田茂：戦後50年体育館「時代を反映した建築形態」、戦後50年と体育・スポーツ施設所収、体育施設出版、pp.139-148、1995

⑮上和田茂：我が国の戦後における公共体育館計画の変遷に関する研究、日本建築学会地域施設計画研究15、pp.153-160、1997

⑯日本体育施設協会編：スポーツ施設がわかる 体育館-プランニングから管理まで、体育施設出版、2000年

〈図および写真の出典・出所〉

図6-1　建築文化1952年8月号から作成

図6-2　新建築1954年7月号から作成

図6-3　当該体育館より提供された図面から作成

図6-4　建築文化1964年7月号から作成

図6-5　新建築1968年2月号から作成

図6-6　新建築1975年7月号から作成

図6-7　当該体育館より提供された図面から作成

図6-8　建築文化1979年4月号から作成

図6-9　新建築1977年4月号から作成

図6-10　前掲参考文献⑦から作成

図6-11　建築文化1981年1月号から作成

図6-12　当該体育館より提供された図面から作成

図6-13　前掲参考文献⑫から作成

図6-14　建築画報1993年12月号から作成

図6-15　前掲参考文献⑫から作成

図6-16　新建築1988年8月号から作成

図6-17　新建築1991年11月号から作成

図6-18　月刊体育施設2002年8月号から作成

図6-19　月刊体育施設2011年4月号から作成

図6-20　月刊体育施設2014年4月号から作成

第Ⅱ部　オープンアリーナの計画・設計

7．公共体育館のオープン化

（1）オープン化とは

　公共体育館の前を通り過ぎながら、壁で閉じられた建物の中で何が行われているのだろうかと、ふとそのような気持ちを抱くことはあっても、扉を開けて中に入ってみようとまで思う人は少ない。それほど、これまでの公共体育館は閉鎖的に造られており、一般市民からみると親近感に乏しい存在であった。

　ここで述べようとするオープン化とは、公共体育館をもっと市民に親しまれる施設にするために、なるべく固い壁をなくし、開放的な空間構成にすることを目指すとの意味である。

　端的に言えば、屋内施設である体育館をあたかも屋外施設のように、そこで何が行われているか、いつでも、どこからでも、誰からも見えるように、可視性を高めるという至極簡単なことである。

　散歩のかたわら、あるいは勤め帰りの道すがら、とあるグラウンドや空き地で繰り広げられている草野球にふと目が止まり、野次馬としてしばしの時を過ごす経験は誰しも持っていることであろう。オープン化は、屋内施設である体育館においても、このような微笑ましい光景を実現することに寄与するものと期待する。

（2）閉鎖的な公共体育館

　繰り返しになるが、現在の体育館は、外部からはもちろんのこと、いったん玄関ドアを開き、中に入り、玄関ホールやロビーに立っても、

どこにどのような運動室があって、どのようなスポーツが行われているか皆目わからない施設が数多い。これでは、一般市民が体育館から疎遠になるのはいたし方ないことであろう。

　ある年のＮＨＫの世論調査での「好きな公共施設は？」という設問の回答において、体育館は他の公共施設の後塵を拝して随分下位に位置していたが、体育館がいかに地域社会から遊離した施設であるかの証左であろう。

　一昔前の公共図書館が全くそうであった。威風堂々とした荘厳さがかえって市民に近づき難い雰囲気を与えていた。しかし、最近では、このような閉鎖的な図書館は影を潜め、今では人が本を探したり、ベンチに腰かけて本を読んだりする姿をガラス越しに通りからかいま見ることができる。また、一歩中に入ると広々と書架が広がる開放的な図書館が常識化している。このような図書館であればこそ、特に用がなくても何かのついでにぶらりと立ち寄り、手ごろな本を手にとってパラパラとページをめくるという経験も味わえる。これに似た状況を公共体育館でも実現できるようになれば、今の何倍も市民の親近感が得られるはずである。

　確かに、公共体育館も最近では随分と改善され、一昔前の体育館に漂っていた汗臭さはあまり感じさせない小ぎれいな造りになってきている。また、アリーナやサブアリーナだけでなく、個人でも利用できるいろいろなスポーツ室が設けられるようにもなり、市民の利用はこの間飛躍的に進展していることも事実である。しかし、空間的な開放性という点では、まだまだ大幅な改善の余地が残っているのが実情である。

（3）オープン化による公共体育館の活性化

　いずれにしても、オープン化の考え方はそれほど小難しい理屈をこねるまでもないわかりやすい概念であり、最近では、先見の明がある設計者の手による開放性に富んだ公共体育館も少しずつ登場してきている。今後、このような方向に向かって、より一層市民に開かれた施設づくり

を、また、それにより体育館の空間構成全体の活性化を進めたいものである。

　本章では、このような流れをさらに促進するために、これまでの公共体育館の利用現場での観察や調査を通して得られたオープン化についてのいくつかの知見を紹介したい。ぜひ、多くの設計者および体育館の管理者の方々の発想の転換の手掛かりにしていただきたい。

（4）アリーナのオープン化

　体育館の諸室の中で最も大きな空間で、体育館を代表する室は言うまでもなくアリーナであり、最も開放性からほど遠いのもまたアリーナである。容積が大きいだけにもともと殺風景な空間である上に、球技が行われる際にボールが室外に飛び出さないように周囲は壁で囲われており、実に閉鎖的で素っ気ない。たとえ、一般市民が見学に来館しても、中で活動している利用者との視覚的なクロスオーバーは願うべくもない。

　欧米の施設には、このことについて実によく考えられた施設が多く見られる。本格的な観覧席とは別に、カジュアル・ビューイングと呼ばれるガラス窓や観覧のための簡易見学設備を随所に設け、アリーナを室外から身近に感じられる工夫が施されている。フレッシュメントエリアと呼ばれる喫茶コーナーや自販機コーナーなども、日本の場合のように施設内の隅っこにではなく、アリーナが見渡せる位置に配置され、軽飲食を取りながらアリーナ内のスポーツ活動を見る楽しさを味わうことができる。

（5）休憩場所としてのコート回りと談話コーナー

　このような、スポーツを見る楽しさや空間心理的な観点からアリーナのオープン化を論じる以外に、もっと実利的な面からオープン化することのメリットをいくつか挙げることができる。

表7-1　練習中の休憩時に使用する場所

場所＼種目	バレーボール	バスケットボール	テニス	バドミントン	合　計
アリーナ内	298 (90.9)	326 (89.1)	300 (98.4)	811 (95.1)	1,735 (93.7)
談話コーナー ロビー等	30 (9.1)	40 (10.9)	5 (1.6)	42 (4.9)	117 (6.3)
合　計	328 (100.0)	366 (100.0)	305 (100.0)	853 (100.0)	1,852 (100.0)

（上段：実数、下段：%）

　試みに、10館ほどの公共体育館を対象に、アリーナで練習している
バレーボール、バスケットボール、バドミントン、テニスの各種目の
チームのメンバーが、その練習中の合間にどこでどのように休憩を取っ
ているか観察調査をしてみたところ、実におもしろい結果が得られた。
　その体育館のほぼ全てにおいて、アリーナに隣接した至近距離に談話
コーナーやロビーが設けられているにもかかわらず、その場所で休憩を
取っているケースは極めてわずかである。圧倒的に多くのプレイヤーは
アリーナ内のコート回りで時間を過ごしているのである（表7-1）。
　談話コーナーを利用する場合でも、目的は喫煙か清涼飲料を飲むため
であり、それらの行為が終わると直ちにアリーナに戻り、コート回りで
休憩を続ける。
　種目別にみると、この傾向には若干の違いがみられる。集団競技で、
全員一斉の休憩時間が確保されるケースが多いバレーボールとバスケッ
トボールにおいて談話コーナーを休憩に利用する割合がやや高めであり、
個人単位の分散的な休憩が中心となるバドミントンとテニスにおいて少
なめである。このような多少の違いは認められるものの、全般的にみれ
ば談話コーナーが休憩に利用される割合は低く、そのほとんどがコート
回りを利用している。

（6）なぜ談話コーナーは休憩に利用されないか

　なぜ、練習中の休憩時に談話コーナーが利用されないのか、その原因を何に求めることができるだろうか。確かに、練習中の休憩はせいぜい十数分と短くもあり、また練習の場を長く離れて自分だけ勝手な行動を取りづらいという制約があることは事実であろう。

　しかし、それよりも確かな理由は、練習中の休憩の内容や質によると思われる。練習中の空き時間は単なる休憩にとどまらず、他人のプレイを観戦する楽しみがあり、時には横からプレイのアドバイスをしたり、逆に他人のプレイから技術的なヒントを得たりと、有形無形のコミュニケーションの絶好のチャンスでもある。

　それが可能になるのは他人のプレイを身近で観戦できるコート回りをおいて他にはない。たとえ至近距離の位置にあり、また休憩設備が立派であっても、アリーナと壁で仕切られ、アリーナ内への見通しが効かない談話コーナーはほとんど役に立たないのである。もし、両者がどういう形であれ開放的に結ばれていて可視性が高ければ、少なくとも今よりずっと談話コーナーが活用されるのは間違いない。

　公共体育館のロビーやラウンジなどの談話空間は、スポーツ活動前後のプレイヤーのアメニティを高めるべく年々充実化の方向にある。実に歓迎すべき傾向である。その存在価値をより一層高めるには、アリーナの近くに設けられたその種のスペースを何とかアリーナと開放的に結び、可視性を高める工夫をすることが望まれる。そうすれば、前述した一般市民向けのカジュアル・ビューイングとしても活用できる。

（7）大会開催時のコート回りにおける選手の滞留現象

　大会開催時のことを考えても、オープン化のメリットはある。アリーナの２階に観覧席あるいは選手控席を持つ体育館で行われるママさんバレーボール大会などの地域スポーツ行事などの際によくみられる光景の

写真7-1　コート回りへの選手の侵入および滞留

一つに、禁止されているにもかかわらず、アリーナの入口回りやコート回りに選手や観客が押し寄せ、滞留するといった現象がある。

　筆者があるバレーボール大会をその開始から終了までの全時間にわたって観察してみたところ、実に興味深い事実を知ることができた。

　選手は、自分たちの試合が目前に迫ってくると、それまで待機していた観覧席を発ち、アリーナがあるフロアに降り立ち、ひとまずアリーナの入口前のロビー空間に集結し、続行中の前の試合の終了を待つ。

　本来ならば、前の試合が終了した後に、入れ替わりにアリーナに入場するはずであるが、前の試合が予想以上に長引くようなことがあると、気が落ち着かなるせいか、あるいは熱戦を一目見たいとの意識が働くせいか、ぞろぞろと入り口付近に押し寄せる。さらにはアリーナ内にはみ出すように侵入してしまう（**写真7-1**）。

　その程度であれば、試合の進行にそれほど支障を与えることはないが、試合中のコートの回りに座り込み、極端な場合にはコートの片隅で準備

体操などを始めるケースもみられ、収まりの悪い光景が繰り広げられる。

　地域のレクリエーショナルな大会でのことであるので目くじらを立てるほどのことではないかもしれない。むしろ微笑ましい行為であるとも思えなくもないが、もし仮に、アリーナの入口付近が開放的に造られていて可視性が高ければロビーからアリーナ内の情報をキャッチすることも容易になり、結果としてこのような問題はかなり解消できるのではないかと考えられる。

（8）不便な高床式（2階席型）観覧席

　このような状況は卓球やバドミントンなどの個人競技になると、その度合いは随分目立つものとなる。大会当日の午前中は、自分の試合が終わると2階の観覧席に戻るケースが多いが、昼食を終えた午後になると、観覧席に戻る必要性が希薄となり、また試合のたびにフロアと観覧席との間を往復することが面倒になるせいか、自分の試合が終わってもコート回りに居続ける傾向が強まる。

　このような現象を解消するには、アリーナのオープン化が有効であるが、と同時に観覧席を高床式（2階席型）ではなくアリーナのフロアから立ち上がる低床式にし、アリーナと観覧席との往来を容易にすることも効果的と考えられる。

　ただし、低床式にすると、高床式のように、その下部に器具庫などの付属空間を確保することが難しくなり、面積効率やコストの面でやや不利になることを覚悟しなければならない。

（9）アリーナの出入口付近における観客の滞留

　以上は、大会出場選手の場合であるが、観客についても似たような現象が起きる。それは、アリーナの出入口付近における滞留である。

　通常、大会が開催される際、観客は2階の観覧席で観戦するよう促さ

出入り口からの応援

注意無視の応援

写真7-2　コート回りへの観客の滞留

れるのであるが、一部の観客はこのような指導にもかかわらず、出入口付近に立ち、進行中の試合の観戦を行う。2階の観覧席に上るのが面倒くさいと思っているのかもしれない。それ以上に、自分が関係するチームの応援をできるだけ近くで行いたいという意識が働くためであろう。結果的に、狭い出入口付近に観客が殺到し、雑然とした光景が繰り広げられる（**写真7-2**）。

　このような現象も、アリーナのオープン化あるいは観覧席の低床化によりその大部分が解消されるものと思われる。

（10）アリーナのオープン化による支障への対応

　以上、アリーナのオープン化のメリットをいくつか取り上げてみた。これらはほんの一例に過ぎない。また、指摘した問題のすべてがオープン化によって解消できるものでもない。むしろ、へたをすると、それによってかえって新たな問題を併発する恐れさえあり、具体化にあたってはよほど慎重に取り組まなければならない。

　特に、壁をなくすと試合や練習中にアリーナの外にボールが飛び出す恐れが多分にあるので、取り外す壁の位置等の決定に当たってはよくよく検討すべきである。以下に、検討のための参考データを示す。

（11）プレイ中のボールの動き

　筆者は、諸種の球技の練習および大会開催時に、どのようにボールが
飛び交い、周囲の壁面に衝突するのか測定してみた。どの種目において
も、プレイ中のボールは縦方向すなわちエンドライン後方の壁面によく
衝突している。一方、横方向すなわちサイドライン側の壁面に衝突する
頻度は極めて少ないことが分かった。両方向の差は予想以上のもので
あった。単純に言えば、オープン化する場合は、サイドライン側の壁面
を対象にするのが得策であることが証明された（**図7-1**）。

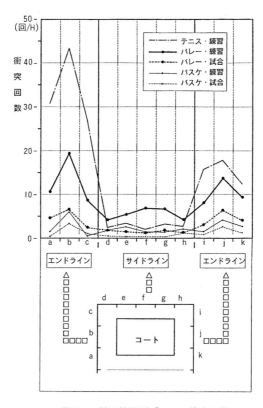

図7-1　壁面位置別ボールの衝突回数

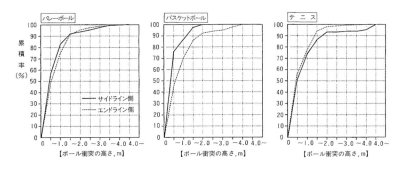

図7-2　ボールの壁面衝突の高さ分布

　また、ボールが壁面に衝突する高さについても確認してみた。結果、どちらの方向にしても、その大半は床から高さ１ｍ程度以下の位置に当たっているに過ぎないことが分かった。したがって、高さ１ｍの立ち上がり壁を施せば、その上部の壁を取り払っても問題は少ないということになる。特に、サイドライン側はほとんど問題がない（**図7-2**）。

　ちなみに、コートのラインと壁面との間のクリアランスの寸法段階別に体育館を選定し、バレーボールの練習を対象に同様の調査を行ったところ、サイドライン側では５〜６ｍ以上、エンドライン側では８ｍ以上のクリアランスがあれば、高さ１ｍの立ち上がり壁で全周とも十分に対応可能であることが判明した。

　ただし、オープン化による問題は、ボールの飛び出しだけではなく、光、音、熱、気流などの室内環境条件に大きな影響を与えるので、特に高いレベルの大会や競技が行われるアリーナにおいては、問題の発生を抑止できる技術的な工夫を合わせて講じることが必要であろう。

（12）公共体育館の平面形からみたオープン化の実現可能性

　アリーナのオープン化の実現可能性は、アリーナがロビー的空間に隣接していることが前提である。少なくとも通路的空間に大部分が隣接している必要がある。もし、両者間に更衣室や放送室などの諸室が介在す

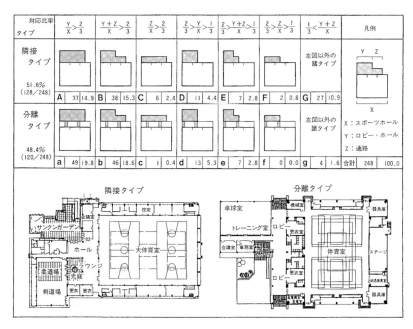

図7-3　アリーナと談話コーナー・ロビーとの配置関係

るようなことがあれば、オープン化したくても無理である。

　確かに、設計時においてあらかじめ両者間に諸室が介在しないように配慮すれば済む。しかし、諸室が介在し両者が分離される平面形は、それなりの理由があって成立しているわけであり、そのような平面形が公共体育館において主流を占めているのであれば、オープン化の考え方とは衝突し、オープン化の提唱はかなり説得力に欠けるものとなる。

　逆に、もし隣接タイプが主流を占めているのであれば、今後の公共体育館の設計において、これまで定着してきた空間構成に大幅な改変を加えることなくオープン化を導入することが可能となり、実現の道が広がることになろう。

　そこで、そもそもこれまでの公共体育館の平面形は隣接タイプと分離タイプのどちらが多いのか、各県から最低2館を含む計248館の市立体育館を無作為に選定して確認したところ、両タイプはほぼ同数であり、

いずれが主流とはいえないとの結果を得た（**図7-3**）。

　考えてみれば、分離タイプは玄関とアリーナを結ぶ線上に更衣室や放送室が配置され、動線や機能配置からみれば収まりのよいプランである。特に、アリーナの側面に敷地の余裕がないような場合には、ある意味で合理的な解決方法であり、相当の数を占めていても不思議ではない。

　しかし一方、隣接タイプも分離タイプとほぼ同数が存在している。また、分離タイプの中にも、仮に隣接タイプとして設計されていたとしてもそれほどの差支えはなかったと思われるものもある。そのようなケースを含めると、隣接タイプはかなりの優勢を占めるものと考えられる。このような傾向からみると、アリーナをオープン化する潜在的条件はかなり整っており、その実現可能性は高いとみることができよう。

〈参考文献〉
① 上和田茂：スポーツホールのオープン化とその可能性、地域体育館のオープンプラン化とコート回り空間に関する研究その3、日本建築学会計画系論文報告集、第378号、pp.89-97、1987.8
② 上和田茂：特集「こちらは体育館ニューウェーブ」、新しい酒には新しい革袋を、月刊体育施設1988年6月号、pp.44-47
③ 上和田茂：公共体育館のオープン化とコート回り空間の活性化、「建築思潮研究所編：建築設計資料41 体育館・武道場・屋内プール」に所収、pp.200-207、1993.3
④ 上和田茂：コミュニティスポーツと体育館、「地域施設の計画 21世紀に向けた生活環境の創造」所収、丸善、pp.282-287、1995.9
⑤ 上和田茂：体育館、開かれた施設（オープンアリーナ）への道、月刊体育施設2000年8月号、pp.4-12

8. オープンアリーナのメリットと手法

(1) オープンアリーナのメリット

　前章では、アリーナがオープン化されていないことによる問題点を指摘するとともに、オープン化の実現可能性について明らかにした。　本章では、さらに進んで、オープン化により得られる積極的なメリットについて言及するとともに、オープン化の空間構成タイプおよびそれぞれの実例を紹介する。

　オープン化のメリットを把握するため、試みに、オープン化が進んでいる米国の体育館を対象に、設計者がどのような意図をもってオープン化を企図しているか、その時々の新築体育館について取材している専門雑誌「Athletic Business」[1] の紹介記事に基づき整理してみた。その結果、オープン化のメリットは、以下に示すように、実利的・直接的なメリットと心理的・間接的なメリットに大別されることが明らかになった。

　なお、以下、オープン化された体育館を「オープンアリーナ」と称することにする。

1) 実利的・直接的メリット

　実利的・直接的メリットとしては、以下に列記する諸点が挙げられる。
① 施設内における各室の配置がわかりやすくなること（way find）
② 各室の空き利用状況の把握が容易になること（available）
③ 管理者による利用者の見守りが容易になること（security）
④ 他者のプレイの観察により技術向上の契機になること（improve）
⑤ 他のスポーツ種目への参入の動機付けになること（encourage）

2）心理的・間接的メリット

心理的・間接的メリットとしては、以下に列記する諸点が挙げられる。

① 他グループの活動者との一体感が醸成されること（conection）

② エネルギッシュな雰囲気が得られること（energetic）

③ ダイナミックなスポーツ空間が得られること（dynamic）

（2）オープンアリーナの空間構成タイプ

前述のように、通常は設置される競技室と競技室との間の壁、あるいは競技室と周辺空間との間の壁が全くないか部分的に取り払われ、両者が互いに見通せる関係にあるものをオープンアリーナと称することにしたが、その基本的な形式には以下の4タイプがみられる。

1）ノンウォール型

競技室に接する廊下やロビーなどの周辺空間との間の壁が全くないか部分的に取り払われ、周囲から競技室内を見通せる最も基本的なタイプ。

2）ワンルーム型

いくつかの壁のない競技室空間やコーナーが一つの大きな空間の中に寄せ集められ、各競技室が仕切り壁無く連続して展開するタイプ。

3）ショーケース型

競技室間あるいは競技室と周辺空間との間にガラスが立て込まれ、視線は通るものの、ボールなどが競技室外に飛び出すことを防いでいるタイプ。

4）アトリウム型

アトリウム（吹抜け空間）の回りにノンウォール型あるいはショーケース型の競技室が積み上げられ、アトリウムを通して互いの競技室が見通せる立体的な空間構成タイプ。

（3）空間構成タイプ別の実例

オープンアリーナの空間構成タイプ別の実例を以下に示す。

ノンウォール型

1）栃木県佐野市民体育館（図8-1）

玄関ロビー・通路とアリーナとの間には高さ80cmの立ち上がり壁のほかには何の仕切りもなく、開放的に連続している。開放されている部分はコートのサイド側であり、しかも、ロビーの床面とアリーナの床面には60cmの高低差があるので、アリーナ側からみた立ち上がり壁の高さは1.4mに達し、ボールがアリーナ外に飛び出す危険性はほとんどない。

この体育館は、1980年の栃木国体の卓球会場として使用されたものであり、必要があれば暗幕により開口部を閉じることもでき、競技を開催する上で特段の支障はなかったとのことである。

筆者が見学に訪れた夏のある日、夏休み中の小学生グループがバレーボールの練習をしていたが、恐らくその中の一人の父親と思われる人が幼子を連れて来館し、開口部越しに練習風景を眺めていた。誠に微笑ましく、とても印象的な光景であった。閉鎖的な体育館では得られないオープンアリーナならではの効果であろう。

2）福岡県粕屋町総合体育館（かすやドーム）（図8-2）

施設の中央に位置する玄関ホール・ロビーを囲むようにほぼ全ての競技室が配置されている。メインアリーナおよびサブアリーナは、玄関ホールとの間に壁がなく、中が見通せる構成となっている。また両アリーナと玄関ホールの床には高低差があり、玄関ホールから両アリーナを見下ろす位置関係にあり、極めて高い空間的開放性が確保されていると共に、アリーナ外へのボールの飛び出しを防いでいる。さらに、メインアリーナと休憩ラウンジが接する位置にはカジュアル・ヴューイングも設けられ、休憩中にアリーナ内の様子が観察できるよう配慮されている。

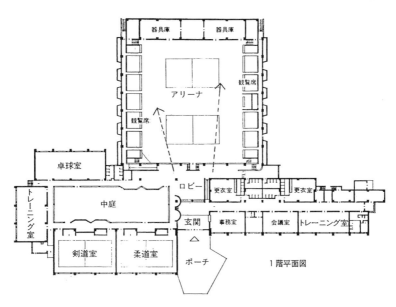

図8-1　栃木県佐野市民体育館（1980年、設計：石本建築事務所）

両アリーナ以外の諸室もガラス張りとなっており玄関ホールから内部が見通せる。このように、当体育館では随所にオープン化が施されており、わが国における最も典型的なオープンアリーナとなっている。

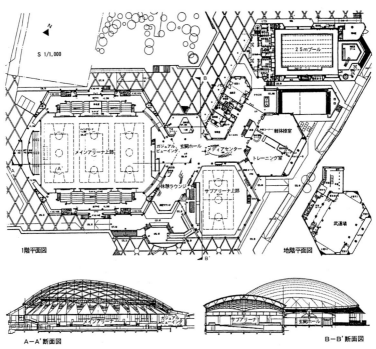

図8-2　福岡県粕屋町総合体育館（1997年、設計：メイ建築研究所）

メインアリーナ

サブアリーナ

ワンルーム型

3）米国エドワードフィットネスセンター（図8-3）

米国イリノイ州シカゴの西部に位置するネイパービルというミニタウンにあるスポーツクラブ。高い音量を発するスタジオと更衣室は壁で仕切られているが、他のスペースは全く壁なしで連続しており、プールも

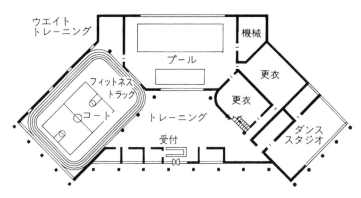

図8-3　エドワードフィットネスセンター（1988年）

ガラス張りである。各運動・競技コーナーをそれぞれ独立させながらも空間的には連続させる大胆なプランニングは実に巧みである。バスケットボールコートですらオープンである。ボールが飛び出さないように蚊帳のようなスクリーンが釣られているが、このスクリーンはシースルーで中の様子は丸見えである。それぞれのコーナーで行われている種目は異なってはいても共にスポーツを行っているという連帯感のような雰囲気が伝わってくる。開放性において全く躊躇のない施設である。

ショーケース型
4）山梨県河口湖町民体育館（図8-4）

　ロビーおよび通路とアリーナとの間に設置された壁面の上部がガラス張りとなっており、ロビー側からアリーナ内部を見通せる構成となっている。コートのエンドライン方向にロビーが面していることから、壁がないとボールの飛び出しの危険性があるが、ガラス張りにすることで、アリーナのオープン化と安全性の確保を両立させている。

　そのほかの競技室も互いに見えあう関係に構成され、施設全体において空間的な開放性が追求されている。設計者によれば、「どこにいても建物の一体感を感じられるように空間の連なりを重視した」とのこと。

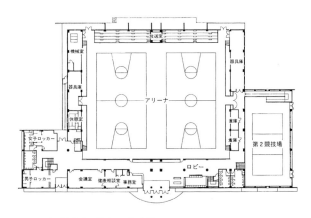

図8-4　山梨県河口湖町民体育館（1980年、設計：井出一済建築設計事務所）

ガラス越しにアリーナを覗く（河口湖町民体育館）

アトリウム型
5）米国ノースイースタン大学レクリェーションセンター（図8-5）

　米国ボストンの市街地に立地するノースイースタン大学内に設けられた、体育授業、学生の自由活動、地域住民が利用できるスポーツレクリエーションセンター。3階建ての建物の外回りはガラス張りで、施設が面する大通りからは内部がうかがえ、開放的な外観を成している。

　内部においては、3層を貫くアトリウム（吹抜け）を取り巻くように、各階にアリーナや各競技室が配置されているが、各競技室は最小限の壁しかなく、アトリウムを通して横方向および縦方向に互いに見え合う立体的でダイナミックな室内景観が実現されている。

　また、アトリウムの1階にはカフェや商店が出店し、開放的な外観と相まって通りから入りやすい雰囲気を醸し出している。

レクリェーションセンターの外観（外から内部が見通せる）

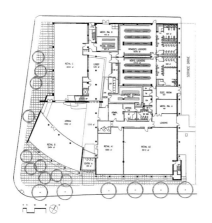

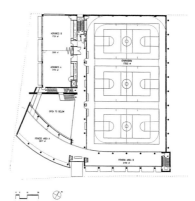

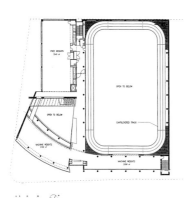

図8-5　ノースイースタン大学マリオレクリェーションセンター（1996年）

6）福岡県久留米総合スポーツセンター（図8-6）

建物の中央を南北に貫くように2層吹抜けの細長いアトリウム（吹抜け）が設けられ、その両脇の1階にサブアリーナと武道場、2階にトレーニング室と弓道場が、また最奥の端部にメインアリーナが配置されている。各競技室はおおむねガラス張りとなっており、競技室間および競技室と周囲の通路空間との間は視線が通り、建物内部全体に一体感と親近感があふれている。

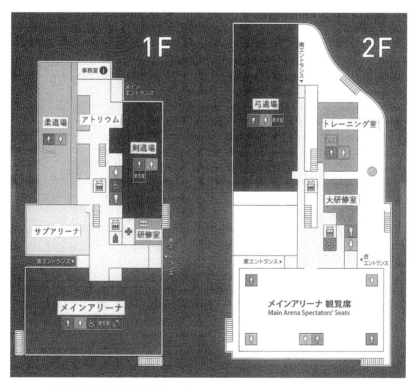

図8-6　福岡県久留米総合スポーツセンター（2018年、設計：佐藤総合計画）

久留米総合スポーツセンターのアトリウム

〈注記および引用〉
 1）Athletic Business 1999-2002、Athletic Business Publication Inc.

〈参考文献〉
①上和田茂：公共体育館のオープン化とコート回り空間の活性化、「建築思潮研究所編：
　建築設計資料41体育館・武道場・屋内プール」に所収、pp.200-207、1993.3
②上和田茂：コミュニティスポーツと体育館、「地域施設の計画 21世紀に向けた生活環
　境の創造」所収、丸善、pp.282-287、1995.9

〈図および写真の出典・出所〉
図8-1 筆者作成
図8-2 月刊体育施設2000年8月号から作成
図8-3 筆者作成
図8-4 参考文献①から作成
図8-5 ノースイースタン大学提供のパンフレットから作成
図8-6 久留米総合スポーツセンター提供のパンフレットから作成及び筆者撮影

9．オープンアリーナの効果検証と評価

（1）「誘視」行為からみたオープンアリーナの効果検証

　本章では、前章で紹介したオープンアリーナを対象に、オープン化の効果について検証する。検証にあたっては、視覚的効果の側面から「誘視」行為に着目した。「誘視」とは、来館者が自らの利用場所とは異なる場所および活動に対して誘われるように視線を送る行為のことである。例えば、体育館内のアリーナで活動が行われている際に、アリーナ以外の競技室の利用者が、アリーナ内の活動に興味をそそられ、アリーナに近づき、内部を観察するような行為がこれに該当する。このような現象は、アリーナ内部とアリーナ周辺空間との間に壁がなく、内部が可視化されている場合に発生しやすいと考えられる。ここでは、その発生率を測定することを通してオープンアリーナの効果検証および評価を行う。

（2）「誘視」行為の実測

1）調査対象施設
　調査対象は、前章で紹介したオープンアリーナの典型であり、設計にあたって筆者がアドバイザーを務めた「福岡県粕屋町総合体育館（かすやドーム）」である。当体育館はアリーナおよびサブアリーナなどの競技室と玄関ホールや休憩ラウンジとの間に壁がなく、相互に見通せる関係にある。しかも、両アリーナの床面は周辺空間の床面との間に、メインアリーナで1.2m、サブアリーナで2.4mの高低差があり、周辺空間から見下ろせる空間構成となっている（図9-1）。

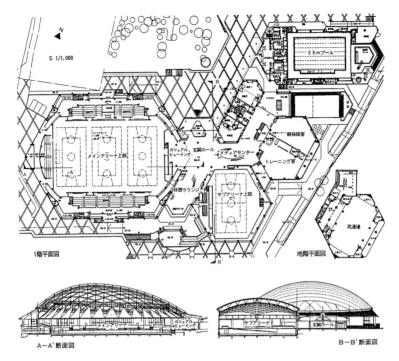

図9-1　調査対象（福岡県粕屋町総合体育館）平面図および断面図

2）実測方法

　メインアリーナとサブアリーナにおいてそれぞれ異なるイベントが開催されている日を選定し、「誘視」行為の発生状況を実測した（**表9-1**）。

表9-1　調査日・イベント内容

調査日	メインアリーナ	サブアリーナ
2000年10/21（土）	某企業バスケットボール大会	某グループバトミントン大会
2000年10/28（土）	某互助会バレーボール大会	某保育所4園合同運動会
2000年10/29（日）	ミニバスケットボール大会	地区バスケットボール大会
2001年 9/23（日）	地区運動会	バスケットボールリーグ戦

実測に際しては、玄関、メインアリーナ出入口、サブアリーナ出入口、トレーニング室出入口、武道室出入口に調査員が待機し、各地点において適宜対象者を選定し、各対象者が本来の活動場所に到達した、あるいは戻った、あるいは退館した、と判断されるまで尾行追跡し、下記の事項について詳細な記録を取った。

① 館内における移動の全軌跡（動線）
② 移動中において対象者が行った「誘視」行為の位置
③「誘視」行為の様態（身体の動き）

また、「誘視」行為の有無の判定は下記のように行った。

① 静止して「誘視」の対象空間を注視した場合
② 歩行中でも、明らかに頭を「誘視」の対象空間に向けて視線を送った場合。なお、あいまいな行為は集計から除外した。

（3）「誘視」行為の発生率

1）全体的な「誘視」行為の発生率

イベントの開催が多い土曜、日曜4日間の実測調査の結果、合計271名の来館者の尾行追跡データが得られた。そのうち120名の来館者が何らかのかたちで「誘視」行為を行っており、全体の44%に及ぶ高い発生率が明らかになった（**表9-2**）。

表9-2 「誘視」行為の全体的発生率、利用主体別発生率

利用主体	誘視人数	調査人数	発生率 (%)
メインアリーナ利用者のサブアリーナへの誘視	49	128	38.3
サブアリーナ利用者のメインアリーナへの誘視	47	109	43.1
他競技室利用者の両アリーナへの誘視	24	34	70.6
合　　計	120	271	44.3

2）利用主体別の「誘視」行為の発生率

　「誘視」行為の発生率を利用主体別にみると、両アリーナ以外の競技室の利用者（以下、その他の競技室利用者という）による両アリーナいずれかへの「誘視」が71％と最も多い。また、サブアリーナ利用者によるメインアリーナへの「誘視」が43％で、メインアリーナ利用者によるサブアリーナへの「誘視」の38％を若干上回る **（表9-2）**。

　玄関を起点として、奥に配置されている競技室の利用者ほど移動途中にある競技室を見る機会に恵まれるが、上記の「誘視」の発生率はそのことをある程度素直に反映した結果であると解釈できる。

3）発生時別の「誘視」行為の発生率

　次に、発生時別の発生率の差異をみると、「退館時」において「誘視」は最も多発しており、その発生率は58％にも及んでいる。「休憩時」の43％がこれに次ぐ、「来館時」が最も低く、30％にとどまる **（表9-3）**。

表9-3　「誘視」行為の発生時別発生率

発 生 時	誘視人数	調査人数	発生率 (%)
来 館 時	23	77	29.9
休 憩 時	44	103	42.7
退 館 時	53	91	58.2

　これらのデータからは以下の事実が読み取れる。来館時は、これから利用する競技室に到達することを旨として、「脇目も振らず」といった状態で移動しており、「誘視」が起こりにくいこと。休憩時は、気持ちと時間に余裕が生じ、他の競技室への興味が促されること。退館時は、活動を終えて施設からの去り際に、改めて他の競技室での活動を確認する指向が働くこと。

ただし、メインアリーナ利用者においては、退館時における発生率が
休憩時のそれを下回る結果となっている。「誘視」の対象空間が帰路方
向とは逆方向に位置していることから、「誘視」へのインセンティブが
低下することの結果であろう。

　他方、サブアリーナ利用者において、来館時の発生率が休憩時のそれ
を上回るのは、来館時に玄関からサブアリーナに向かう途上にメインア
リーナが位置していることから、メインアリーナに自然と目が向けられ
ることによるものと推察される。

（4）来館者の動線および「誘視」行為の発生状況

1）メインアリーナ利用者の場合
〈来館時〉

　メインアリーナの利用者の場合、入館後、更衣室に向かう者は少なく、
ほとんどは直接メインアリーナに向かう。この途上、玄関ホールを移動
中にサブアリーナに対して「誘視」を行う者も多少みられるものの、そ
の大半は玄関とメインアリーナを結ぶ経路上で一瞥を加える程度のもの
であり、わざわざサブリーナに近づいて中の様子をうかがうケースは極
少である（**図9-2**）。

〈休憩時〉

　メインアリーナ利用者の休憩時の行為は、トイレとの往復と休憩ラウ
ンジ等での休憩行為に大別されるが、サブアリーナへの「誘視」は次の
3パターン。すなわち、①トイレとの往復時、メインアリーナとトイレ
を直結する経路上においてサブアリーナに一瞥を加える。②トイレから
の帰路、サブアリーナのそばに近寄り、室内を眺めながら通り過ぎるか
立ち止まって見る。③休憩ラウンジでの休憩の前後にサブアリーナのそ
ばまで来て、しばらくの間中の様子を見る。このうち、サブアリーナの
至近距離において、じっくり観戦するように見るケース（③）が多いこ
とが休憩時の「誘視」の特徴である（**図9-2**）（**写真9-1後掲**）。

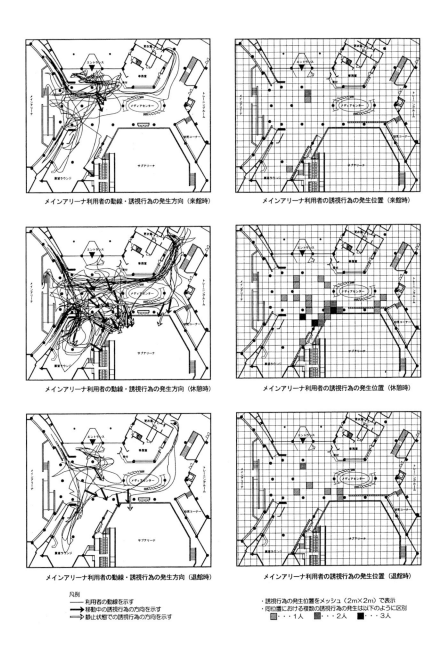

メインアリーナ利用者の動線・誘視行為の発生方向（来館時）

メインアリーナ利用者の誘視行為の発生位置（来館時）

メインアリーナ利用者の動線・誘視行為の発生方向（休憩時）

メインアリーナ利用者の誘視行為の発生位置（休憩時）

メインアリーナ利用者の動線・誘視行為の発生方向（退館時）

メインアリーナ利用者の誘視行為の発生位置（退館時）

凡例
―― 利用者の動線を示す
➡ 移動中の誘視行為の方向を示す
⇨ 静止状態での誘視行為の方向を示す

・誘視行為の発生位置をメッシュ（2m×2m）で表示
・同位置における複数の誘視行為の発生は以下のように区別
　▨…1人　▨…2人　■…3人

図9-2　メインアリーナ利用者の動線・「誘視」行為の発生方向と発生位置

〈退館時〉

　退館時の行為は、どこにも立ち寄らず玄関に向かう場合と、しばらく
休憩した後に帰路に就く場合に大別される。「誘視」のほとんどは後者
の行動中に発生しており、前者ではまれである。それも必ずしもサブア
リーナの至近距離でじっくり見るのではなく、やや近づいて一瞥を加え
た後、その場を立ち去るといった風情である（図9-2）。

2）サブアリーナ利用者の場合

〈来館時〉

　来館時の行為は、①玄関から直接サブアリーナに向かう、②更衣室を
経てサブアリーナに向かう、③メインアリーナに接近した後にサブア
リーナに向かう、の3タイプに分かれる。前2者の場合、「誘視」は玄
関とサブアリーナを結ぶ経路上において、メインアリーナを遠望するよ
うなかたちで発生する。③の場合、わざわざメインアリーナの入口付近
まで接近し、中の様子をしげしげと眺める者が少なくない。目的地であ
るサブアリーナへの途上にメインアリーナが位置していることにより、
「誘視」の発生が促されていることがわかる（図9-3）。

〈休憩時〉

　休憩時の行為は、トイレとの往復および休憩ラウンジとの往復に大別
される。前者では、メインアリーナへの「誘視」は少なく、あってもか
なり離れた位置からの遠望である。後者における「誘視」の位置は2か
所に分かれる。一つはメインアリーナの入口付近であり、メインアリー
ナ内の競技を立って観戦している（写真9-1後掲）。この場合短時間の
「誘視」に留まる。もう一つは休憩ラウンジに設置されているガラス張
りののぞき窓（カジュアルビューイング）付近で、休憩を兼ねて、かな
り長時間居続けてメインアリーナ内部を見ている（写真9-1後掲）。これ
は、休憩行為と「誘視」行為とが複合化された行動であると解釈できる
が、効果的な休憩スペースを設置する上で、競技室を展望できることが
重要な要件であることを示唆している（図9-3）。

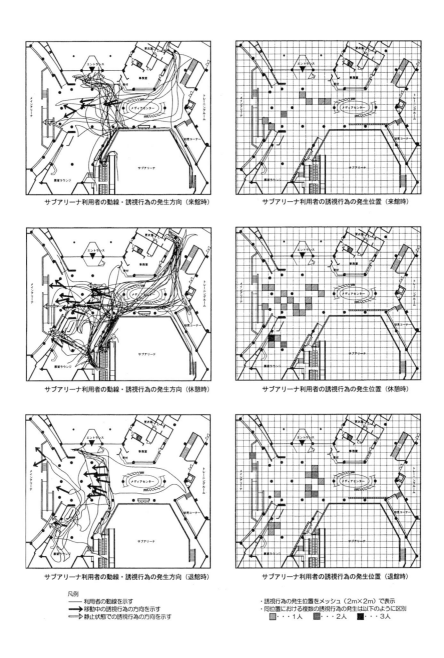

サブアリーナ利用者の動線・誘視行為の発生方向（来館時）

サブアリーナ利用者の誘視行為の発生位置（来館時）

サブアリーナ利用者の動線・誘視行為の発生方向（休憩時）

サブアリーナ利用者の誘視行為の発生位置（休憩時）

サブアリーナ利用者の動線・誘視行為の発生方向（退館時）

サブアリーナ利用者の誘視行為の発生位置（退館時）

凡例
―― 利用者の動線を示す
➡ 移動中の誘視行為の方向を示す
⇨ 静止状態での誘視行為の方向を示す

・誘視行為の発生位置をメッシュ（2m×2m）で表示
・同位置における複数の誘視行為の発生は以下のように区別
▨・・・1人　▣・・・2人　■・・・3人

図9-3　サブアリーナ利用者の動線・「誘視」行為の発生方向と発生位置

〈退館時〉

　退館時には、メインアリーナに対して大量の「誘視」が発生している
ものの、その多くは玄関へ向かう際に通りすがりに一瞥を加えるケース
である。一方、休憩時の場合のように、休憩ラウンジののぞき窓からひ
としきり内部を見た後、帰路に就くケースもみられた（**図9-3**）。

3）その他の競技室利用者の場合

〈来館時〉

　メインアリーナおよびサブアリーナ以外のトレーニング室等の利用者
の場合は、来館時、玄関から直接あるいは更衣室経由で各室に向かうが、
その途上において両アリーナに対して「誘視」を行う者は皆無に近い。
目的地であるトレーニング室が両アリーナとは逆方向に位置しており、
またサブアリーナとの間には視線の障害となるメディアセンターが配置
されていることがその原因と思われる。

　ただし、幼児コーナー利用者の親子連れの数例は、両アリーナの近く
まで近寄り観覧した後、幼児コーナーに向かっている。取り立てて強い
目的もなく訪れる、いわゆる「ぶらり来館」のケースであると推測され
るが、オープンアリーナはこういった来館者に対して競技室内での活動
情報を容易に提供し、それとなく見て楽しむ機会を提供しているといえ
よう（**図9-4**）。

〈休憩時〉

　調査事例数が少ないことから確たることは言い難いが、休憩時の用便
の後などに両アリーナを見て歩く行為がみられた（**図9-4**）。

〈退館時〉

　トレーニング室からの退館経路は、トレーニング室から直接玄関に向
かうか、更衣室を経て玄関に向かう2タイプである。その途上において、
サブアリーナを横目に見たり、メインアリーナの方向に視線を向けたり、
さらに近寄ってみるなど、「誘視」の発生率は高い。しかし、いずれも
立ち止まって内部を注視するほどではない（**図9-4**）。

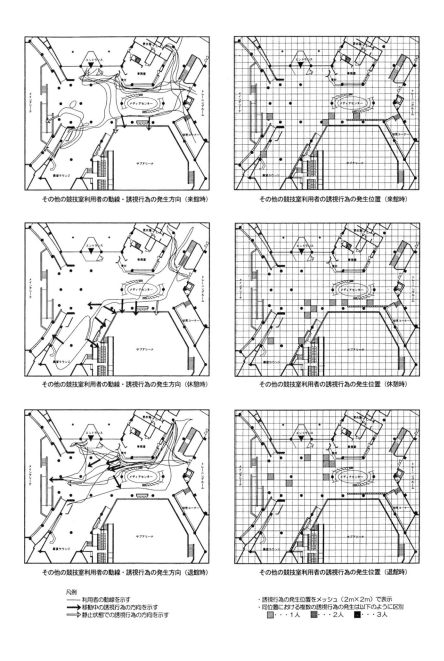

図9-4　その他の競技室利用者の動線・「誘視」行為の発生方向と発生位置

135

（5）分析のまとめ／オープンアリーナの評価

　以上の分析の結果、次の諸点が明らかになった。

① 来館者の半数近くが何らかの「誘視」行為を行っており、視覚的コミュニケーションの促進の視点からみると、オープンアリーナには大きな効果が認められる。

② 玄関からみて、奥に位置する競技室の利用者による手前に位置する他の競技室への「誘視」行為の発生率は高い。逆に、手前に位置する競技室の利用者による奥の他室への「誘視」行為の発生率は低い。この結果は、各競技室の規模や性格を勘案した配置計画を行う上での大きな手がかりとなる。

③ 退館時における「誘視」行為の発生率が最も高く、休憩時がこれに次ぐ。一方、来館時における「誘視」行為の発生率は低い。

④ 立ち止まって見る、長い時間をかけて見るといった、中身の濃い「誘視」行為は休憩時を中心として行われ、退館時にも多少みられる。来館時は一瞥加えるといった程度の軽度の「誘視」にとどまる。

⑤ 休憩ラウンジからメインアリーナ内を見通せるのぞき窓のようなカジュアルビューイングは有効に活用されており、「誘視」効果の発生を促す上で、このような室外から競技室内を見通せる空間装置は効果的であることが判明した。

〈参考文献〉
①上和田茂：誘視効果からみたオープンアリーナの評価に関する研究、日本建築学会技術報告集第17号、pp.337-340、2003.6

〈図表および写真の出典・出所〉
本章中の図表および写真は全て筆者作成

メインアリーナ

メインアリーナ（カジュアル・ヴューイング）

サブアリーナ

写真9-1　「誘視」の発生場面

10. コート回り空間の活性化

（1）なぜコート回り空間に着目するのか

　コート回り空間とは、アリーナ内の専用運動空間である各種競技種目のコートを取り巻く余白空間の総称である。このコート回り空間に着目する理由は以下の2点である。

　その一つは、コート回り空間がアリーナ外の空間に接する位置にあることから、先述のアリーナのオープン化を実現するうえで重要なキー空間となり得ること。もう一つは、練習および競技中の休憩や交流など、運動行為に随伴して営まれる関連諸行為が円滑に展開できるよう空間的対応を施すことを通して、無味乾燥なアリーナの室内風景に変化をもたらし活性化できる可能性を秘めていること。

（2）利用されなくなったロッカールーム

　公共体育館の利用形態において、その中心がかつてのような一部のエリートスポーツ選手による競技中心型の利用形態から、今日のように一般市民のレクリエーショナルな利用形態に移り、とりわけ主婦の利用が増加するのに伴い施設の使われ方において大幅に変化したのはどのような点であろうか。いろいろあると思うが、誤解を恐れずに言うと、それはロッカールーム（更衣室）の使われ方であろう。すなわち、ロッカールームが以前ほどには利用されなくなったという点である。

　今日、利用者はあらかじめ自宅でスポーツウェアに着替えて来館し、活動後もそのままの姿で帰宅の途に就くことが一般的となっている。

体育館内では、簡単な身づくろいを除いては、本格的な着替えやシャワーを利用する行為は圧倒的に減少しているのである。彼女らにとってロッカールームは無用の長物に近い代物と化している。

(3) アリーナへの荷物の持ち込み

利用者の大半は、あらかじめ自宅でスポーツウェアに着替えた上で来館するので、ロッカールームに立ち寄る必要がなく、そのままアリーナに入場する。持参したスポーツバッグ類などの荷物もロッカールームに保管せず、アリーナにそのまま持ち込まれる（**表10-1**）。

表10-1　荷物が置かれている場所

時間帯　　　場所	アリーナ	更衣室	その他	不明	合　計
午　前	387 (79,8)	83 (17.1)	12 (2.5)	3 (0.6)	485 (100.0)
午　後	93 (84.5)	15 (13.6)	1 (0.9)	1 (0.9)	110 (100.0)
夜　間	165 (48.0)	172 (50.0)	6 (1.7)	1 (0.3)	344 (100.0)
合　計	645 (68.7)	270 (28.8)	19 (2.0)	5 (0.5)	939 (100.0)

（上段：実数、下段：％）

観察調査によれば、体育館の立地条件や利用時間帯およびスポーツ種目によりその程度は異なるものの、昼間の利用時においては利用者の8割程度が荷物をアリーナに持ち込んでおり、それらの荷物はコート回りの壁面沿いに雑然と置かれる（**写真10-1**）。

時にはその片隅で簡単な着替えを行う人もいて、観察しているこちらがハッとする場面もしばしばみられる。

このことに関して筆者は得難い経験をした。ある体育館を見学で訪れ、

壁面沿いに置かれた荷物

長蛇の列の荷物

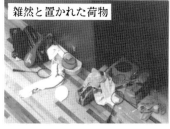
雑然と置かれた荷物

凹部を利用して置かれた荷物

写真10-1　荷物の置かれ方

　体育室の室内を写真に納めたところ、ちょうどその時着替えていたご婦人がカメラのフレームに入っていた。筆者はそれを見とがめた周囲の人から猛烈な抗議を受け、管理室に訴えられた。筆者は叱責されることを覚悟した。しかし、管理者は筆者をとがめることなく、ご婦人たちに向かってこう言い放った。「いつも言っているじゃないですか。着替えは体育室内ではなく、ロッカールームでしてくださいと。」ここに、体育室内での着替え行為が日常化していること、そして管理者はそのことを避けるべき問題行為としてとらえていることが明らかになった。

　昼間の利用ではこのような状態であるが、一方、夜間の利用ではどうであろうか。勤め帰りの人が多いためか、ロッカールームで着替え、荷物もロッカーに保管する人が昼間に比較して多い。しかしそれでも、およそ5割の人がアリーナ内に自分の荷物を持ち込んでいる。すなわち、この現象は昼夜を問わずかなり普遍化しているとみてよい。その背景には自分の荷物はロッカーに保管しておくよりも、身近なところに置いておく方が防犯上も安全であるとの意識が働いていることが認められる。

そのことを考慮したとしても、それらの荷物がフロアの上に雑然と置かれる様は、スポーツを行う場として望まれるすがすがしさから程遠いものを感じる。

（4）コート回りで行われる練習中の休憩行為

　どの種目にしろ、練習をしている時、プレイヤーは休みなく活動を行っているわけではなく、活動と休憩を交互に繰り返している。多い場合は、全活動時間の半分近くが休憩的行為に費やされている。バドミントンやテニスなど個人競技における延べ休憩時間は長く、バレーボールやバスケットボールなどの集団競技において短いという差異はあるものの、どの種目においても休憩時間は予想外に長い（**図10-1-①～③**）。

　休憩をとる場所はアリーナ内のコート回りであり、荷物が置かれている付近で休憩もとられる。別に休憩用の設備やベンチが置かれているわけではなく、おおむね壁を背にして足を前に投げ出すような姿勢で床に座ることが多い。また、車座になって話に花を咲かせる場合もある。中には寝そべる人もいる。もっとお行儀の悪いケースもあり、観察しているこちらが赤面するような場面もしばしばみられる。考えようによっては微笑ましい光景かもしれないが、雑然と置かれた荷物群を含めて、もう少しどうにかならないかと思わずにはいられない（**写真10-2**）。

写真10-2　練習中の休憩行為の様相

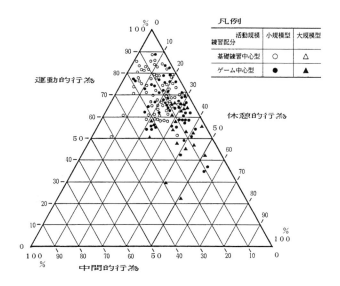

行為類型別・活動時間分布（バドミントン）

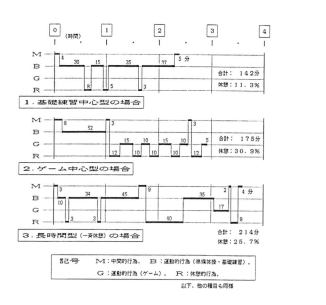

図10-1　練習中の休憩時間の様相（①バドミントン）

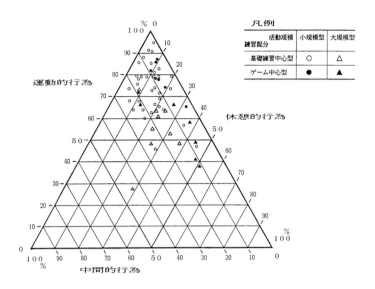

行為類型別・活動時間分布（バスケットボール）

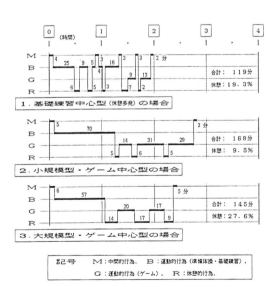

図10-1　練習中の休憩時間の様相（②バスケットボール）

143

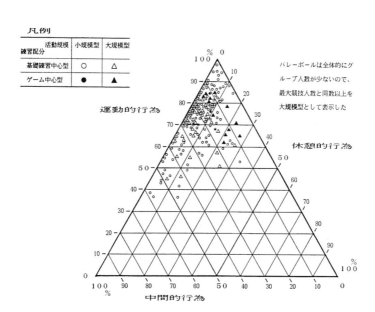

行為類型別・活動時間分布（バレーボール）

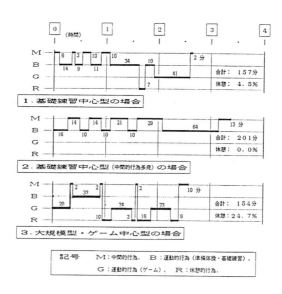

図10-1　練習中の休憩時間の様相（③バレーボール）

(5) ダッグアウトのようなウェイティングコーナーを

　考えてみれば、野球場にはグラウンドの両サイドにダッグアウトという付属空間が備えられている。それは、飛来するボールに対する危険防止や悪天候時の避難を主目的とした選手の控え場所であるが、荷物置きにもなり、また試合や練習前後の準備や身づくろいの場として多機能に活用されている。

　一方、体育館のアリーナにはそれに類する設備は全くといってよいほどみられない。ベンチらしきものが壁沿いに置かれているケースを見かけることもあるが、極めて稀なことである。アリーナの床は、屋外のグラウンドと違って比較的安全で、その上に座っても寝そべってもそれほど不衛生ではない。ボールの飛込みによる危険性も野球の場合ほどではなく、コート回りに専用の控え場所を設置する絶対的な必要性に欠けるからであろう。

　このようなことが、前述のような、見ようによってはかなり問題のある床の上での休憩行為や雑然とした荷物の放置行為に対して鈍感でおられる背景となっているのであろう。

　しかし、もし仮に、アリーナのコート回りの適所にダッグアウトに類するスペースが設けられ、その場で練習中の休憩行為や荷物の保管がなされるようになれば、実にすっきりした活動風景が得られることが期待できる。ここでは、そのようなスペースをウェイティングコーナーと呼んでおこう。

(6) ウェイティングコーナーの設置位置

　アリーナ内においてウェイティングコーナーを設置するならば、その位置は、ボールの飛込みを避けることができ、プレイに支障を与えにくいコートのサイドライン側で、なるべく入口に近くアプローチしやすい位置が望ましい。エンドライン側に設けざるを得ない場合は、プレイ中

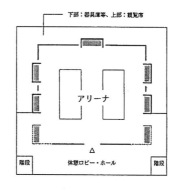

図10-2　ウェイティングコーナーの望ましい設置位置

のボールが集中しやすい中央付近をできるだけ避け、コーナー部分の後部に配置すべきであろう（**図10-2**）。

　この設置方針は、アリーナ内における実際の練習や競技中のボールの動きを考慮して導かれたものであるが、実際にもそのような場所で休憩や荷物の保管がなされていることが筆者の調査により明らかになっている（**図10-3-①、②**）。

　今のところ、このようなウェイティングコーナーの実例は乏しい。東京都江東区深川スポーツセンターのケースは貴重な事例である。そこでは、２つのコートのサイド側にそれぞれ一か所ずつアルコーブ状のコーナーが設けられ、木のベンチが備えられている（**図10-4**）。

　当センターは、オープン化においても積極的に対応し、市民に開かれたスポーツ施設を実現させている。すなわち、１階では、玄関を入るとふれあい広場という名のホールがあり、そこから両サイドに位置する諸競技室がガラス越しに見通せる。いわゆるショーケース型のデザインとなっている。また、２階に上ると、通路から吹抜けのガラス越しに１階

バレーボール

バスケットボール

テニス

バドミントン

凡例　荷物　■ バッグ類　　休憩　■ 座式休憩
　　　　　　□ その他の荷物　　　　　□ 立式休憩

以下の図においても同様

図10-3　荷物および休憩場所の分布（①横型コート配置の場合）

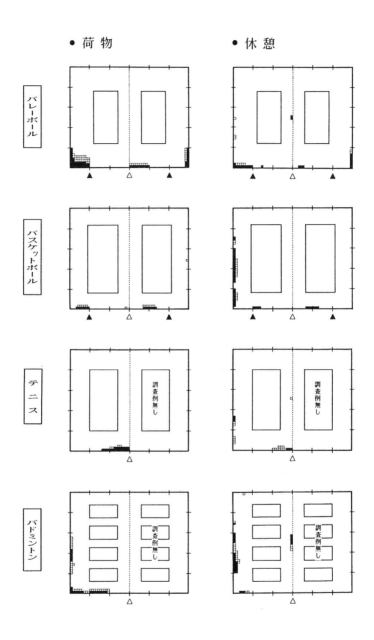

図10-3　荷物および休憩場所の分布（②縦型コート配置の場合）

の競技室を見下ろせる。このように施設全体が来館者に対して開放性と親近性を与えている。

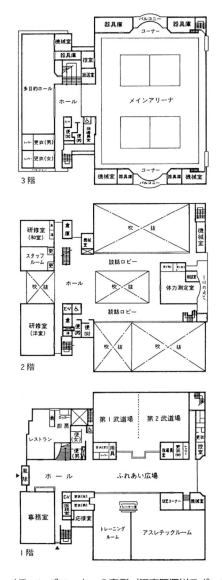

図10-4　ウェイティングコーナーの実例（江東区深川スポーツセンター）

（7）ウェイティングコーナーの多様な用途

　ウェイティングコーナーは、以上のようなプレイヤーの休憩場所や荷物置きとしての役割にとどまらず、そのほかの多様な用途への活用が考えられる。乳幼児の一時保育スペースとしての利用もその一つであろう。時折、コートサイドのフロアに乳幼児を寝かしつけたままプレイに興じる母親を見かけ、ボールが飛んできて頭にでも当たりはしないかと内心ハラハラすることがある。アリーナ内にウェイティングコーナーがあれば、そのような危険性を多少は防げるのではないか。

　次章において、専用の幼児体育室について言及しているが、そのこととは別に、競技室に付属する乳幼児のための保護スペースの必要性は高いと考えられる。

　また、ウェイティングコーナーは大会開催時には手頃な本部席に転用できる。その他、工夫次第で多様な用途に活用できるものと考えられる。

（8）ウェイティングコーナーと観覧席の関係

　ウェイティングコーナーは、高床式（２階席型）観覧席の場合において特にその効果を発揮する。一方、低床式観覧席の場合、競技フロアと観覧席をつなぎ、両者間を直接行き来できるようにすることが可能である。すなわち、観覧席を練習中のウェイティングコーナーとしても活用可能なのである。そのように、低床式の観覧席は大会開催時の観戦に臨場感をもたらす効果があることにとどまらず、日常の練習時においてもプレイヤーの控え場所としての役割を果たすことができる。このように多様な有効利用が可能である。

　低床式観覧席を対象とした筆者の調査でも、練習中の休憩や荷物保管に観覧席が活用され、それによりコート回りは整然とした状態が保たれている事例に遭遇し、その予想以上の効果に大いに得心したものである（**写真10-3**）。

写真10-3　低床式観覧席における活用場面

〈参考文献〉
①上和田茂ほか：コート回りにおける運動随伴行為の出現傾向とその要因、地域体育館のオープンプラン化とコート回り空間に関する研究その1、日本建築学会計画系論文報告集第366号、pp.61-70、1986.8
②上和田茂ほか：コート回りにおける運動随伴行為の発生位置と様態、地域体育館のオープンプラン化とコート回り空間に関する研究その2、日本建築学会計画系論文報告集第368号、pp.102-110、1986.10
③上和田茂：特集「こちらは体育館ニューウェーブ」、新しい酒には新しい革袋を、月刊体育施設1988年6月号、pp.44-47
④上和田茂：公共体育館のオープン化とコート回り空間の活性化、「建築思潮研究所編：建築設計資料41体育館・武道場・屋内プール」に所収、pp.100-207、1993.3

〈図表および写真の出典・出所〉
表10-1　筆者作成
図10-1　筆者作成
写真10-1　筆者撮影
写真10-2　筆者撮影
図10-2　筆者作成
図10-3　筆者作成
図10-4　前掲参考文献④から作成
写真10-3　筆者撮影

11. 幼児体育室のオープン化

（1）疑問が多い幼児体育室

　近年、婦人スポーツの進展やファミリースポーツが盛んになるのに伴い、公共体育館に幼児室や幼児体育室が設けられる事例が増えている。

　しかし、その歴史が浅いこともあってきちんとした設計指針もなく、試行錯誤で計画・設計が行われているのが実情である。中には設置効果が疑われる粗悪なケースも少なくない。ただスペースがあるだけで婦人スポーツや幼児スポーツの手助けになるとの安易な発想から設けられたものは、規模と内容共におざなりで、幼児が好んで遊ぶ豊かな空間には程遠い。その結果、設置されていてもほとんど活用されず、かえって管理のお荷物になっているものもみられる。そのことによって幼児体育室としての利用は断念され、器具庫や倉庫など他用途に転用されている不幸な事例が後を絶たない。

（2）設置目的の違い／一時的保育型とプレイルーム型

　幼児体育室の設置目的は多様であるが、大別すると２タイプに分かれる。その一つは、親（多くが母親）が体育館でスポーツをする間、同伴した幼児を一時的に保護しておく場所として、もう一つは、一時保育を含み、かつ親による活動とは独立して幼児自体の運動や遊びのためのプレイルームとして設置されるものである。現在までのところ、前者が多く、後者は最近増加の傾向にある。

　ちなみに、一時的保育型（託児室型）のものでは、「幼児室」や「幼児

表11-1　幼児体育室の室名称

室名称の区分		室名称	事例数
主体系	幼児室群	幼児室、幼児コーナー、幼児保育室	18
スポーツ行為系	体育室群	幼児体育室、児童体育室、幼児運動室 幼児運動コーナー、親子健康体育室	27
	遊戯室群	遊戯室、幼児遊戯室	6
	プレイルーム群	幼児プレイルーム、幼児プレイコーナー	2
	スポーツ室群	幼児スポーツホール、ファミリースポーツ室	2
	トレーニング室群	幼児トレーニング室（ルーム）	3
合　　計			58

表11-2　幼児体育室の設置目的と室名称との相関

室名称＼設置目的		一時保育型 （託児室型）	プレイルーム型	合　計
主体系	幼児室群	15（40.5）	3（14.3）	18（31.0）
スポーツ行為系	体育室群	15	12	27
	遊戯室群	6	0	6
	プレイルーム群	0	2	2
	スポーツ室群	0	2	2
	トレーニング室群	1	2	3
	小　　計	22（59.5）	18（85.7）	40（69.0）
合　　計		37（100.0）	21（100.0）	58（100.0）

コーナー」など、主体を表徴する室名称が多いのが特徴である。一方、プレイルーム型のものでは、「幼児体育室」、「幼児運動室」、「幼児プレイルーム」など、行為を表徴する室名称が多く、極めて対照的である。つまり、室名称からそもそもの設置目的が推測できるのである（**表11-1,2**）。

（3）設置目的と設置効果の相関

　一時保育型（託児室型）のものは、おおむね室の広さが狭く、内装も貧弱である。遊具が置かれていることも稀で、トイレなどの付属設備も不備である。要するに全般的に施設水準が低いのである。また、アリーナやサブアリーナの片隅に付属し、他の室や通路からの見通しもきかず、極めて閉鎖的に造られているものが多い。表現は悪いが、監獄の房舎か動物園の檻のような雰囲気のものも少なくない（**写真11-1**）。

　一方、プレイルーム型のものは、室規模と内容に優れているものが多く、一時保育型（託児室型）とは対照的である。特に、玄関ホールやロビーから見える位置にガラス張りあるいは壁なしでオープンに造られたものは雰囲気が明るく、利用率も極めて高い。どこからも見えるので安全管理が容易で、管理者側の負担も軽減できる（**写真11-2**）。

　このような設置目的と設置効果との相関を確認するため、設置目的の違いが室面積および利用人数にどのような影響与えているか、約60施

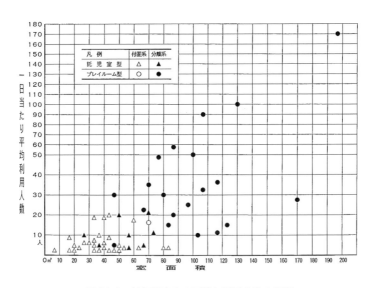

図11-1　幼児体育室の面積と利用人数の相関

写真11-1　檻のような幼児体育室

写真11-2　開放的な幼児体育室

設を対象に調べてみた。結果は、一時保育（託児）を目的としたもので
は、室面積は30〜50㎡（平均41㎡）で、一日の利用人数は10人以下の
ものが多い。一方、プレイルームとして設けられたものでは、室面積は
70〜120㎡（平均100㎡）で、一日の利用人数は10〜100人に分布して
いる。すなわち、設置目的の違いが設置効果を大きく左右していること
が明らかとなった（**図11-1**）。

なお、**図11-1**中の凡例に、「付置系」、「分離系」との表記があるが、これは、幼児体育室がアリーナやサブアリーナに付置されているものか、独立して設置されているかを区別したものである。一時保育型（託児室型）のものに付置型が多く、プレイルーム型のものに分離型が多いことが明瞭であり、設置目的の違いが幼児体育室の設置位置に影響を与えていることが明らかである。

（4）閉じ込め型ではなく開放的な幼児室を

　このように施設形態の違いが設置目的の違いに左右されていることがわかった。設置目的により設計すべき室のイメージが左右される結果であろう。計画・設計時のイメージや発想は極めて重要である。

　一時保育のニーズは高いので今後もその機能を軽視すべきではないものの、幼児体育室の設置にあたってはプレイルーム的発想で計画・設計されると望ましいものができるものと思われる。少なくとも、幼児を「閉じ込めておく」という発想ではなく、「遊ばせる」という発想で臨み、よりオープンな幼児体育室を設置するよう取り組んで欲しいものである。

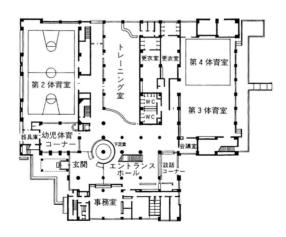

図11-2　小平市民総合体育館（開放的な幼児体育室）

156

（5）開放的な幼児体育室の実例

　小平市民総合体育館と武蔵野総合体育館の幼児体育室は、プレイルーム型の好例である。いずれも、エントランスホールに面し、管理事務室からの見通しが良く、極めて開放的な幼児体育室である。特に、前者はサブアリーナ（第2体育室）にもガラス越しに隣接し、活動中の親からの目も行き届き、配置構成の点において理想に近い実例である。後者も、エントランスホールや通路との間に壁がなく、アクセスしやすい雰囲気と、親しみやすさを醸し出している好例である（**図11-2,3**）。

図11-3　武蔵野総合体育館（開放的な幼児体育室）

〈参考文献〉
① 上和田茂：公共体育館における幼児体育室の機能と計画に関する研究、日本建築学会計画系論文報告集第467号、pp.97-104、1995.1
② 上和田茂：公共体育館のオープン化とコート回り空間の活性化、「建築思潮研究所編：建築設計資料41 体育館・武道場・屋内プール、建築資料研究社、1993」に所収
③ 上和田茂：体育館の中の幼児プレールーム、「特集 変貌する幼児体育室」所収、月刊体育施設1997年3月号、pp.6-11

〈図表および写真の出典・出所〉
表11-1 筆者作成
表11-2 筆者作成
写真11-1 筆者撮影
写真11-2 筆者撮影
図11-1 筆者作成
図11-2 前掲参考文献②から作成
図11-3 前掲参考文献②から作成

あとがき

　私は、これまで、建築学会の研究論文等において、オープンアリーナの必然性と可能性を論じ、その実現を促してきました。しかし、広く普及するには至らず、旧態依然とした体育館が再生産されているのが現状です。そこで、あらためてその実現を促進すべく、これまで分散的に発表してきた論考をひとまとめにして世に送り出すことにしました。

　もう一つの出版理由は、長年勤めた大学における私の研究室の卒業生の皆さんとの対話の機会をあらためて持ちたいと願ったからです。本書を通して、卒業生と一緒に取り組んだ研究の社会的意義や役割を再確認すると共に、時代の変化に応じて常に新しい建築像を描くことの重要性をあらためて理解していただく一助にしたいと考えています。

　それにしても、体育館を含め多数の建物が日々世に登場していますが、建設後どのように使われているかを調べ、その結果を次の設計に生かすという作業はあまりなされてはいないように思われます。そのため、相変わらず画一的な建物が再生産されているのが現状です。設計者は、自ら設計した建築物に対して事後評価・検証を行い、その成果を次の設計に生かすことを通して、その使命を果たしていただきたいと思います。

　さて、本書で紹介した提案あるいは設計指針は、日本全国の体育館を巡り、そこでの活動者の動きを細かく観察し、行動の法則性や問題点を把握した結果に基づいています。建築計画学ではこれを使われ方研究と

称し、古典的な研究手法として定着しています。この使われ方研究を展開する際に留意すべきは、新しい設計指針や改善指針は必ずしも詳細な行動調査とデータ分析の後に得られるのではなく、最初に現場に立った瞬間に頭に浮かぶ改善のイメージに導かれて得られるものであるということです。それを仮説と呼んでもよいでしょう。瞬時にこの仮説を掴むことが研究の成否を左右すると言っても過言ではありません。

　ここで、これまでお世話になった方々に感謝の意を表します。

　まず、建築計画学の道にお導きいただいた九州大学時代の恩師・故青木正夫先生に心より感謝申し上げます。そして研究の方法論を鍛えていただいた青木研究室の先輩、同級生、後輩の方々に感謝いたします。

　九州産業大学に赴任した後にお世話になった教職員の皆様に感謝いたします。そして、私の研究室を巣立っていった卒業生の皆さんに感謝いたします。皆さんなしには私の研究人生は成立しませんでした。

　現地調査および資料収集にご協力いただいた日本各地の体育館およびＹＭＣＡの関係者、米国のＹＭＣＡ関係者の方々に感謝いたします。

　資料収集のため短期留学したスプリングフィールド大学（ＹＭＣＡ国際トレーニングセンター）国際センターディレクターのウォール博士ならびに教職員の方々、留学についてご指導をいただいた水谷豊先生（当時、桐朋学園大学教授）に感謝いたします。

　本書の出版にあたっては、（株）体育施設出版の上野智基さんに多大のご協力をいただきました。心から感謝申し上げます。

　最後に、妻と子供たちに感謝します。結婚してから今日まで研究と大学の仕事に多くの時間を費やし、ほとんど家庭を顧みず今日を迎えています。感謝というよりお詫びをしなければなりません。決して後悔はしておりませんが、反省はしています。どうか許してもらいたい。

令和5年3月31日　上和田　茂

―著者略歴―

上和田 茂（かみわだ　しげる）

1949年 愛媛県生まれ
1972年 九州大学工学部建築学科卒業
1977年 九州大学大学院工学研究科建築学専攻博士課程満期退学
1987年 工学博士（九州大学）
1990年、1998年～1999年 米国スプリングフィールド大学訪問研究員
1993年 九州産業大学教授
現在 九州産業大学名誉教授
著書 建築設計資料41体育館・武道館・屋内プール（共著、建築資料研究社）
戦後50年と体育・スポーツ施設（共著、体育施設出版）
体育教育を学ぶ人のために（共著、世界思想社）
地域施設の計画21世紀に向けた生活環境の創造（共著、丸善）
少子高齢時代の都市住宅学（共著、ミネルヴァ書房）
近居 少子高齢社会の住まい（共著、学芸出版社）ほか多数
受賞歴 1991年日本建築学会奨励賞（論文）
「スポーツホールのオープン化とその可能性」

ROAD TO THE OPEN ARENA
令和5年3月31日

著　者　　上和田　茂
発　行　　川﨑　文夫
発行所　　（株）体育施設出版
　　　　　〒105-0014　東京都港区芝2-27-8
　　　　　VORT芝公園1階
　　　　　TEL.03-3457-7122 FAX.03-3457-7112
　　　　　https://www.taiiku.co.jp

デザイン・DTP　オフィスアスク（浅井美穂子）
印　刷　　高千穂印刷（株）